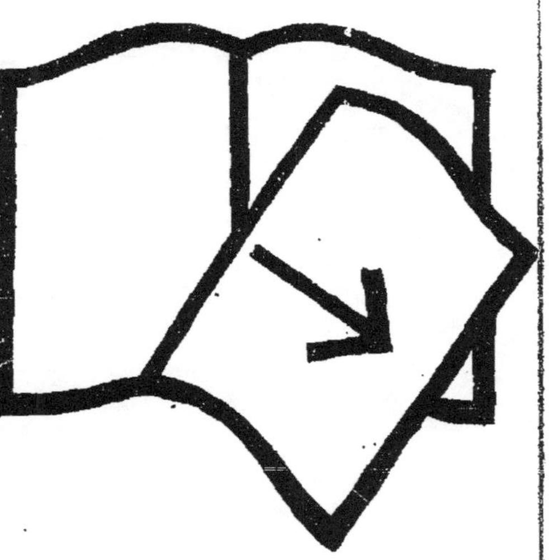

Couverture inférieure manquante

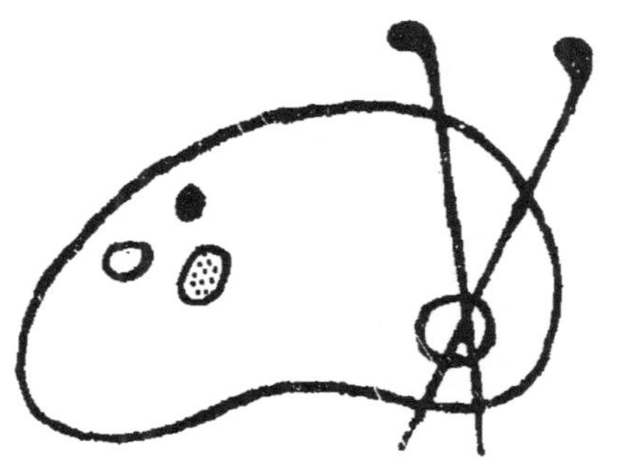

Début d'une série de documents
en couleur

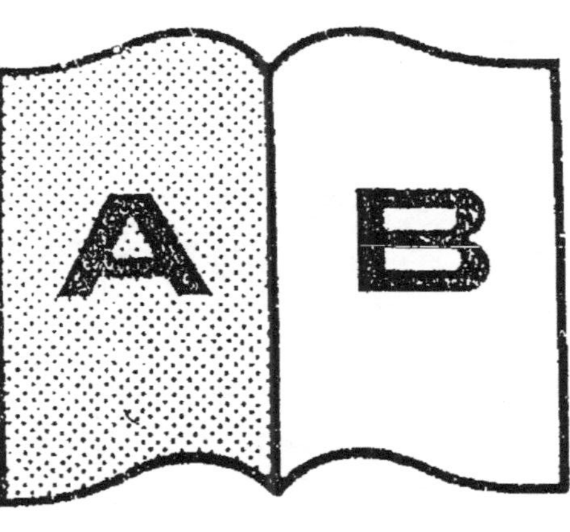

Contraste insuffisant

NF Z 43-120-14

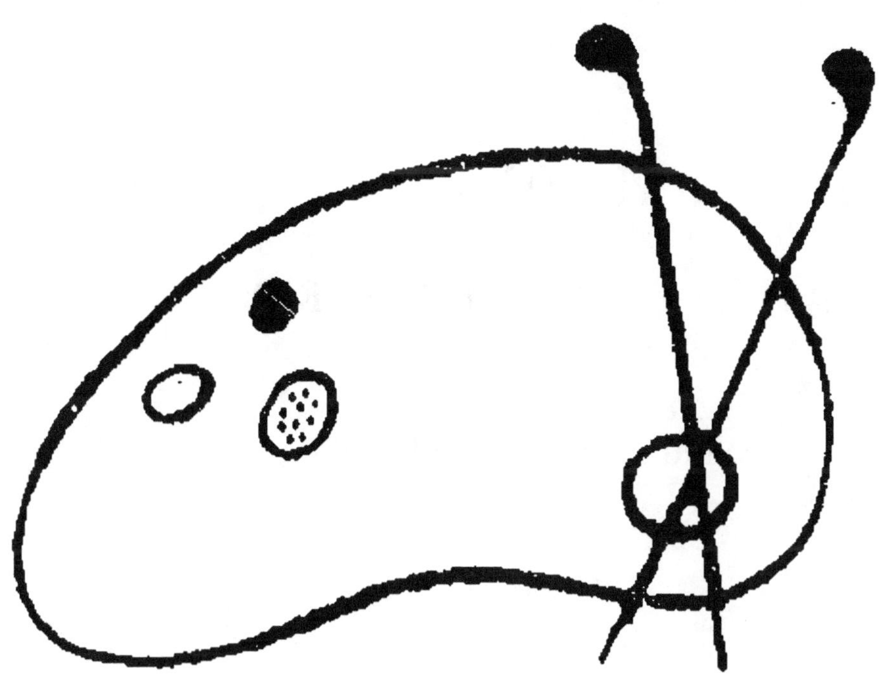

Fin d'une série de documents
en couleur

RAPPORT

A SA MAJESTÉ L'EMPEREUR

SUR

L'ENSEIGNEMENT SUPÉRIEUR.

1865 — 1868.

SIRE,

Dans le système de notre éducation nationale, l'Administration de l'instruction publique poursuit, sous l'inspiration de Votre Majesté, l'accomplissement de deux progrès qu'elle regarde comme considérables. Pour garantir la sincérité du suffrage universel, comme pour accroître la dignité morale des citoyens, elle s'efforce de donner à l'enseignement populaire la plus vive impulsion; pour favoriser le développement de la richesse publique, elle a organisé l'enseignement spécial qui offre aux agriculteurs, aux industriels et aux négociants une instruction mieux appropriée à leurs besoins. En même temps elle s'est appliquée à maintenir et sur certains points à relever le niveau des études classiques, qui mènent aux carrières libérales.

Mais Votre Majesté se préoccupe aussi des grands intérêts auxquels répond l'enseignement supérieur. Elle sait que chez un peuple régi par des institutions démocratiques, il importe de ne point laisser dépérir le goût des études sévères; qu'il faut encourager et recruter le groupe des hommes d'élite dont la gloire rejaillit sur le pays tout entier et se continue dans son histoire. La France a pris dès le XVIe siècle et a gardé jusqu'au nôtre le premier rang dans les travaux qui honorent le plus l'esprit humain; elle souffrirait dans son orgueil le plus légitime si cette noble et solide renommée venait à s'amoindrir. Les grandes études, d'ailleurs, réagissent sur les études inférieures qu'elles entraînent à leur suite pour les porter plus haut et plus loin.

Afin de répondre aux intentions de l'Empereur et aux besoins du pays, l'Administration de l'instruction publique a recherché si, par les moyens dont elle dispose, elle pourrait hâter le développement de la haute culture de l'esprit dans les lettres comme dans les sciences. Les hommes les plus compétents ont été consultés, les faits minutieusement étudiés. Ce sont les résultats de ce travail que j'ai l'honneur de placer sous les yeux de Votre Majesté.

La statistique de l'enseignement supérieur est la dernière partie de l'enquête commencée il y a quatre ans sur le système entier de nos études, et qui a été complétée par une enquête analogue sur l'organisation scolaire des pays étrangers, afin de chercher et de prendre partout les idées utiles.

Réunies aux *Rapports* qui présentent l'état des lettres et les progrès des sciences, en France, depuis un quart de siècle, les trois statistiques de l'enseignement primaire, secondaire et *supérieur forment un ensemble complet de renseignements sur l'éducation et les travaux* intellectuels de notre pays.

L'Université, éclairée par là dans sa marche, saura mieux de quel côté elle doit porter ses efforts; et l'opinion, saisie elle-même par ces publications, où aucun fait intéressant n'est omis, préparera par ses discussions la solution des problèmes qui s'imposeront à l'administration supérieure et aux grands corps de l'État.

Ces enquêtes approfondies et cette véridique exposition des faits, qui est en même temps un recours aux lumières de tous, sont un des caractères de votre libéral Gouvernement; elles ont eu déjà pour résultat le vote unanime de deux lois importantes dans l'ordre des études primaires et secondaires.

Une troisième loi est nécessaire pour l'enseignement médical. Préparée dès 1811, étudiée de nouveau en 1820, votée par les députés en 1825, par les pairs en 1826, mais sans la sanction royale, adoptée une seconde fois par la Chambre haute en 1847, cette loi est encore à faire; elle sera prochainement soumise au Conseil d'État.

Ce point mis à part, il ne semble pas, pour le moment, que l'organisation de notre enseignement supérieur exige de grandes réformes. L'édifice est ancien, mais solide en ses assises; il n'y faut que des appropriations pour des nécessités nouvelles.

La *Note préliminaire* donne le résumé des chiffres et des faits contenus dans la

Statistique. Le présent rapport ne comprendra que l'exposé des mesures les plus récentes qui sont en cours d'exécution et de celles qui semblent devoir être prises encore dans l'intérêt des hautes études.

J'en ferai deux parts pour répondre à une division naturelle du sujet.

Il est, en effet, parmi les savants et les lettrés deux sortes d'hommes : les uns qui sont capables de faire dans les sciences des découvertes, dans les lettres des œuvres durables; les autres qui s'efforcent de populariser les découvertes et les chefs-d'œuvre.

De là, pour le Gouvernement, le devoir d'assurer aux premiers, dans la sphère de son activité, les meilleurs moyens de produire; aux seconds, les meilleurs moyens d'enseigner.

L'État, en France, a, depuis longtemps, donné satisfaction à ce double besoin de la civilisation moderne, la diffusion et le progrès de la science, par une double création : celle des facultés dont les cours réguliers enseignent la science faite, et celle des grands établissements d'un caractère plus libre où la science doit se faire.

L'Administration pourrait-elle ajouter de nouveaux moyens à ceux qui existent déjà pour provoquer le progrès scientifique, puisqu'elle est encore obligée, en France, de prendre à sa charge ce qui ailleurs se fait souvent par les villes ou les particuliers? Lui reste-t-il quelque chose à proposer pour assurer une diffusion plus rapide et plus complète des connaissances acquises? Ce sont les deux questions que je me propose d'étudier dans ce travail.

PREMIÈRE PARTIE.

DES MESURES PROPRES A DÉVELOPPER LES ÉTUDES THÉORIQUES.

§ 1ᵉʳ. — EXÉCUTION DES DÉCRETS DU 31 JUILLET 1868.

En distinguant la recherche et l'enseignement, je dois me hâter d'ajouter que le même homme réunit souvent à l'esprit de découverte le talent de bien dire : il puise dans le trésor du savoir humain que le travail des siècles a formé, pour en répandre les richesses parmi ceux qui l'écoutent, et lui-même, par ses travaux, il ajoute au commun héritage.

Cette réunion de qualités différentes est l'heureuse exception qui met le professeur, le lettré et le savant hors de pair. Mais ces exceptions sont aussi celles qu'il faut le plus encourager, puisque c'est par de tels hommes surtout que se marque et s'élève le niveau de la civilisation d'un pays. Il faut donc les aider à se produire, et quand ils sont connus, les aider encore, si quelque assistance leur est nécessaire pour des recherches plus délicates ou plus profondes. Nous sommes tous intéressés au succès de leurs études les plus abstraites, car, si le progrès des sciences est tout à la fois la gloire et la richesse d'un pays, si la découverte de ces lois que la nature nous cache obstinément ajoute à la puissance de l'esprit humain, on ne saurait trop répéter que ce progrès dépend des perfectionnements de la théorie que le savant trouve, comme Papin et Ampère, au fond de son laboratoire ou dans les inspirations de son génie.

Il n'existe pas de sciences appliquées; il n'y a que d'innombrables applications de la science. D'où cette conséquence que, pour multiplier encore ces applications heureuses, pour rendre l'industrie plus prospère, l'agriculture plus féconde, le commerce plus actif et l'homme plus grand, une des conditions essentielles est de fournir à la science les ressources nécessaires pour développer la théorie, sans gêner en rien la liberté de ses recherches, l'État n'ayant, en fait de science pure, ni opinion ni doctrine.

C'est en vue de donner à la science, dans la mesure de l'action administrative et dans les limites du budget, de nouveaux moyens d'action que Votre Majesté a signé les décrets du 31 juillet 1868 qui ont été accueillis, dans le monde savant, avec une faveur marquée.

Par l'ouverture de *laboratoires d'enseignement*, pour les aspirants à la licence, les études deviendront meilleures;

Par la création de *laboratoires de recherches*, les savants vont avoir des instruments de travail plus nombreux;

Par la création de l'*École des hautes études*, ils auront des disciples assidus, des auxiliaires intelligents et de futurs émules.

En deux mois et malgré le temps des vacances, il a été pris pour cette école 264 inscriptions, chiffre qui dépasse toutes les prévisions, et que je trouverais moi-même trop élevé, s'il ne devait être forcément réduit par l'examen, qui s'achève en ce moment, de l'aptitude réelle des candidats.

Elles se répartissent de la manière suivante :

Section de mathématiques	27 inscriptions.
———— de physique et chimie	75
———— d'histoire naturelle et de physiologie	94
———— d'histoire et de philologie	68

Parmi les candidats, on compte des agrégés, des docteurs, beaucoup de licenciés. Quelques-uns abandonnent des positions acquises, ou reviennent de l'étranger solliciter leur admission à l'école nouvelle. J'y trouve même un savant dont le nom a été porté par une des sections de l'Institut, sur une liste de candidats à l'Académie des sciences, et qui se propose de demander à nos laboratoires de recherches les moyens de poursuivre des travaux qu'il ne pourrait exécuter ailleurs.

Pour les recevoir, dix-sept laboratoires provisoires ou définitifs sont construits, appropriés ou en préparation :

A la Sorbonne, pour l'anatomie végétale, la physique, la physiologie, la minéralogie, la géologie, enfin la chimie, qui aura une installation comparable à celle que la physique a obtenue l'an dernier;

Au Collège de France, pour la chimie minérale, la chimie des corps organisés et la physiologie animale ;

Au Muséum, pour la physiologie végétale, la chimie agricole, la botanique et la zoologie physiologique ;

A l'École normale, pour la chimie physiologique;

A la Faculté de médecine, pour la botanique, avec un jardin d'expériences.

Cette même école offre à ses élèves les plus studieux des laboratoires de recherches pour la chimie, l'anatomie pathologique, la physiologie et l'histologie. L'Administration de l'Assistance publique, désireuse de seconder l'essor des sciences médicales dans le domaine des études pratiques, multiplie, de son côté, les laboratoires qui lui appartiennent. Cette année, elle en ouvrira treize aux élèves de la Faculté [1].

En province, des savants demandent, aux termes du décret du 31 juillet, que leur laboratoire soit considéré comme une annexe de l'École des hautes études; plusieurs villes songent à développer leurs établissements d'enseignement supérieur, et le conseil général du Calvados, par une heureuse et honorable initiative, vient de voter une subvention en faveur du laboratoire de recherches institué à la Faculté des sciences de Caen, pour la chimie agricole.

Enfin, des établissements privés prendront sans doute un caractère scientifique, qui permettra de les rattacher à l'École des hautes études, sans nuire à leur autonomie. Déjà l'*Aquarium* d'Arcachon n'est plus un simple objet de curiosité; on y trouve un commencement de musée et de bibliothèque; un laboratoire de recherches y est annexé, et de sérieux travaux s'y poursuivent. L'*Aquarium* du Havre, celui de Boulogne, permettront d'étudier ce monde merveilleux et inconnu de l'Océan, où tant de vérités nouvelles restent à trouver. Si Marseille ou quelque port de la Méditerranée

[1] L'Administration de l'Assistance publique a déjà réorganisé l'amphithéâtre d'anatomie, en ajoutant aux cours d'anatomie descriptive et chirurgicale, des cours d'histologie et de physiologie. A côté des salles d'autopsie, elle a installé des laboratoires pour l'examen microscopique, complément nécessaire des nécropsies. L'hôpital Beaujon est déjà pourvu d'un laboratoire et, d'ici à la fin de l'année, des laboratoires déjà achevés ou en voie de construction seront ouverts à la Charité, à la Pitié, à Saint-Antoine, à Cochin, à Lariboisière, à Necker, dans les deux hôpitaux d'enfants, à Lourcine, à l'hospice des enfants assistés et à la Salpétrière.

imitait cet exemple, les trois mers qui nous entourent deviendraient trois champs d'observations et d'expériences que les savants n'ont pu, jusqu'à présent, explorer d'une manière permanente, et où ils entrevoient les plus brillantes promesses pour la science.

Ainsi, les décrets du 31 juillet sont en pleine voie d'exécution, et la nouvelle école est constituée. A l'époque habituelle de l'ouverture des cours, trente-quatre laboratoires seront ouverts, ou bien près de l'être, à ceux, maîtres et élèves, qui sont résolus à combattre vaillamment pour l'honneur scientifique de la France.

§ 2. — SCIENCES PHYSIQUES ET NATURELLES.

Organisation d'un enseignement supérieur d'agronomie. — La section des sciences naturelles, qui s'était mise à l'œuvre la première pour préparer et ouvrir des laboratoires aux zoologistes et aux botanistes, est prête à les ouvrir encore aux agronomes.

Cette application des décrets du 31 juillet peut avoir une importance assez grande pour que je demande à Votre Majesté de vouloir bien excuser la longueur de quelques détails.

De la grande enquête agricole de 1867 se sont dégagées deux idées fondamentales. Les populations ont surtout demandé des chemins vicinaux et un enseignement agricole dans les écoles rurales.

La loi du 11 juillet 1868, avec sa riche dotation, a donné satisfaction au premier de ces vœux. L'Université essaye avec ses faibles ressources de répondre au second.

En voyant ce qui a pu être fait jusqu'à présent pour cet ordre d'études dans nos écoles primaires, secondaires et supérieures, il sera plus aisé de trouver ensuite ce qui reste à faire.

La loi du 21 juin 1865 ayant rangé parmi les matières *obligatoires* pour les écoles d'enseignement spécial, les notions d'agriculture et d'horticulture, que la loi du 15 mars 1850 n'avait classées que dans la partie *facultative* du programme, on s'est autorisé de cette loi pour réorganiser les études dans les écoles normales. Le décret du 2 juillet 1866 y a rendu l'enseignement agricole obligatoire, et, à cette heure, 44 de ces écoles sur 77, possèdent 88 hectares en pleine culture. J'espère que les conseils généraux voudront, dans leurs prochaines sessions, doter de cette annexe indispensable les établissements qui en sont encore dépourvus. Un terrain de culture, en effet, ne sert pas seulement de champ d'expériences aux élèves-maîtres; il est encore pour les instituteurs établis dans les villages, comme une pépinière d'où ils tirent des greffes, des boutures, des plants d'espèces nouvelles ou plus productives; beaucoup d'entre eux viennent aussi, durant leurs congés, chercher, dans l'école mère, des exemples et des conseils.

M. le Ministre des travaux publics a bien voulu, depuis quelques années, autoriser MM. les inspecteurs généraux de l'agriculture à visiter nos écoles normales ; ces inspections, qui prouvent aux élèves et aux maîtres l'intérêt que le Gouvernement porte aux études agricoles, produisent, à tous les points de vue, les meilleurs effets.

Ainsi, plus de la moitié de nos écoles normales sont dès à présent en mesure de donner aux communes rurales un nombre chaque année plus grand de maîtres pourvus, au moins, des connaissances les plus élémentaires, mais aussi les plus indispensables pour la culture maraîchère, fruitière ou agricole, et je suis heureux de dire à Votre Majesté que 6,000 écoles rurales ont déjà un sérieux enseignement d'horticulture, dont les résultats sont attestés par les primes nombreuses que nos instituteurs obtiennent chaque année dans les concours des comices agricoles.

Depuis la loi du 21 juin 1865, l'enseignement agricole fait partie essentielle de l'enseignement secondaire spécial qui est établi aujourd'hui dans 77 lycées et 247 colléges.

Il y est donné, surtout dans les maisons placées au centre d'une région agricole :

D'une manière *théorique*, par les différents cours d'histoire naturelle, d'économie rurale, de comptabilité agricole, et par l'étude des applications de la chimie, de la physique et de la mécanique à l'agriculture ;

D'une manière *pratique*, par des exercices au jardin du lycée, quand le lycée possède un jardin, à celui de l'école normale, lorsqu'il s'en trouve une aux environs et par des visites aux meilleures exploitations du voisinage.

Une ferme-école a même été annexée au lycée de Napoléonville, avec le concours, qui ne nous fait jamais défaut, du ministère des travaux publics ; et le collége de Rouffach, où l'enseignement sera dirigé tout entier en vue de l'agriculture, possède de vastes terrains pour les exercices pratiques.

A Cluny, le jardin, qui couvre 6 hectares, est une véritable école de botanique et d'horticulture, sous la direction d'un professeur d'histoire naturelle, d'un chef des travaux de botanique et d'un habile jardinier du Muséum.

Enfin, j'ai pu, de concert avec M. le Ministre du commerce, instituer dans plusieurs départements des professeurs d'agriculture qui, en outre des cours faits à l'école normale, au lycée ou au collége, doivent aller dans les cantons tenir, pour les instituteurs, les fermiers et les propriétaires, des conférences où seront exposés les meilleurs procédés de culture et ces questions d'économie politique appliquée aux intérêts ruraux qu'il importe tant de répandre, au plus vite, dans nos campagnes.

Ainsi l'Université peut faire beaucoup pour la rapide diffusion des connaissances agricoles, et elle fera bien davantage quand l'organisation commencée sera complète. Mais ces connaissances résultent des données théoriques de la science vérifiées par la pratique. Il faut donc demander aux sciences physiques, chimiques et naturelles de pousser chaque jour plus loin leurs investigations dans cette portion de leur vaste domaine où elles rencontrent les problèmes relatifs à la production des végétaux et des animaux utiles à l'homme.

Plusieurs membres de l'enseignement supérieur ont donné cette direction à leurs travaux. Des cours de chimie et d'histoire naturelle appliquées à l'agriculture ont été établis dans quelques-unes de nos écoles préparatoires, à Nantes, par exemple, à Angers, à Rouen et à Mulhouse. Dans nos facultés des sciences, des chimistes distingués ont acquis une renommée légitime en se livrant à ces études. Partout on reprend l'usage si nécessaire des herborisations; sur de certains points, il s'établit de ces *stations agricoles* qui rendent tant de services en Allemagne et que l'administration cherche à multiplier; une carte minéralogique du sol arable de la France est en préparation, et un atlas météorologique s'exécute, à l'aide des observations qui ont été instituées dans toutes nos écoles normales.

Enfin, au sein et en dehors de l'Université, beaucoup d'écrivains publient des ouvrages de vulgarisation ou de théorie que l'Administration de l'instruction publique encourage par des subventions ou des achats [1].

Ainsi, à côté du travail de diffusion qui se fait, par l'exemple, dans les comices agricoles, par l'enseignement, dans les écoles primaires et secondaires, par ces deux forces réunies, dans les fermes-écoles, il s'en accomplit un autre dans les écoles supérieures pour donner à l'agriculture cette assistance de la science qui, dans l'ordre des faits industriels, a produit tant de merveilles.

Cet effort est-il suffisant? Je ne le crois pas. Car si des hommes éminents consacrent leur vie à éclairer par la science des questions d'agronomie, je dois avouer que, pour l'enseignement, les maîtres habiles nous font défaut, alors qu'il en faudrait plusieurs dans chaque département, pour y constituer un enseignement profitable et y fonder ces *stations agricoles* qui mettront au service de l'agriculture, avec l'*observation* attentive des naturalistes, les procédés féconds de la *méthode expérimentale*. J'ajoute que ceux qui ambitionneraient ce professorat, ceux encore qui, dans un intérêt d'études ou de profession, désireraient apprendre ce que les diverses sciences peuvent fournir de connaissances utiles à l'agriculteur, sont réduits à demander ces connaissances à des livres de natures très-diverses, ou à des cours isolés. En un mot, nous n'avons pas un lieu où se donne, pour l'agronomie, un enseignement supérieur coordonné et complet, où, en même temps, se prépareraient, par l'étude approfondie de la *théorie*, les progrès futurs de la *pratique*.

Lorsque la France voulut, il y a trois quarts de siècle, avoir un personnel d'élite

[1] Je n'ai pas le droit de parler des cours si populaires que des professeurs du plus grand mérite ouvrent chaque hiver au Conservatoire des arts et métiers, ni des profondes études qui se font aux écoles vétérinaires d'Alfort et de Lyon.

pour exécuter les travaux d'utilité publique et diriger les opérations où les sciences mathématiques jouent le principal rôle, elle créa l'École polytechnique. Cette grande institution n'eut pas à former directement des officiers pour les armes savantes ou des ingénieurs pour les constructions militaires et civiles; elle reçut la mission de donner aux écoles d'application des Mines, des Ponts et Chaussées, de l'Artillerie et du Génie, des Constructions navales, etc. des élèves qui, munis d'une large et forte instruction théorique, mettraient les plus hautes conceptions de la *science* au service d'un *art* et feraient tourner les habitudes sévères de l'esprit scientifique au profit d'une profession.

La renommée européenne de l'École polytechnique dispense de montrer la part prise par ses élèves au développement de la richesse nationale.

Aujourd'hui, la France veut donner la plus vive impulsion à son agriculture. L'expérience indique que le moyen le plus sûr d'y parvenir est de faire, pour la grande industrie de la terre, ce qui a été fait depuis soixante ans pour les travaux publics et l'industrie générale. Il faut placer, à côté des écoles d'*application* dirigées par le ministère de l'agriculture, une école de *théorie* où ceux qui se proposent de devenir agronomes, c'est-à-dire d'étudier les *lois* physiques et économiques de la production rurale, dont les agriculteurs ordinaires ne connaissent que les *procédés* traditionnels, trouveront un enseignement scientifique comparable, par ses effets, à celui que les futurs ingénieurs viennent demander à l'École polytechnique. Plus tard on examinera si les exercices aux écoles d'application ou sur les domaines particuliers devront précéder ou suivre les études théoriques.

Dans cette sorte d'*école supérieure d'agronomie*, on enseignerait la structure et la physiologie des plantes et des animaux utiles ou nuisibles; la constitution du sol arable et des roches qui le supportent; les caractères et l'ordre de superposition des terrains qui forment l'écorce solide du globe; les lois qui régissent les phénomènes atmosphériques et les moyens à l'aide desquels on étudie ces phénomènes; les méthodes et les procédés de la chimie pour l'analyse des terres, des eaux, des engrais, des plantes, etc.; certaines parties de la mécanique; les principes de l'économie et de la législation agricole, même ceux de l'architecture rurale.

Des leçons orales sur la botanique, la zoologie, la physiologie, la géologie, la chimie, la physique, etc. sont nécessaires, mais insuffisantes. Pour l'étude des sciences naturelles, les travaux d'observation et d'expérience sont indispensables. Il faut habituer les élèves à la manœuvre des instruments, aux dissections, aux manipulations, aux analyses, à la prompte et sûre détermination spécifique des plantes et des animaux, c'est-à-dire qu'il faut des laboratoires, des collections, une bibliothèque.

Enfin, pour stimuler le travail individuel des élèves, pour en contrôler les résultats, pour lever les difficultés qui peuvent naître dans leur esprit et s'opposer à leurs progrès, on doit encore les appeler à des conférences fréquentes et les soumettre à des interrogations variées.

Si l'État voulait créer, de toutes pièces, une école de ce genre qui fût digne de la France, il faudrait un nombreux personnel, un matériel considérable, de vastes espaces et de coûteuses constructions, c'est-à-dire qu'il y aurait à imposer au budget des charges énormes. Mais le département de l'instruction publique est en mesure de l'établir immédiatement et presque sans frais.

Le Muséum d'histoire naturelle, notre grand établissement pour l'étude de la nature, possède, en effet, des ressources immenses qui peuvent être utilisées en vue de l'enseignement agronomique, sans porter aucune atteinte à son caractère scientifique. Déjà, en 1790, Daubenton, « le chef des bergeries du roi, » Lamarck, Lacépède, Fourcroy, Brongniart et les autres *officiers* du Jardin des plantes appelaient l'attention du législateur sur les services que le Muséum d'histoire naturelle pouvait rendre à l'agriculture, et, peu d'années après, la Convention nationale, en réorganisant ce magnifique établissement sur de larges bases, y instituait, à côté des cours de botanique, de zoologie et des autres sciences pures, un *cours de culture* où devaient être expérimentées toutes les applications des sciences à l'art du cultivateur.

En ce moment, le Muséum possède, sans parler des chaires de botanique et de culture :

Quatre chaires de zoologie ;
Quatre de physique et de chimie ;
Une de géologie ;
Une de physiologie comparée ;
Une d'anatomie comparée.

Ces sciences, au Muséum, ne doivent pas être enseignées de la même manière qu'au Collége de France, dans les facultés ou les écoles de médecine. La chimie n'y peut pas être une chimie générale, ou industrielle, ou médicale ; on a le droit de demander à la zoologie de donner, dans ses cours, une place importante aux animaux domestiques, aux insectes utiles ou nuisibles, d'autant plus que l'étude des êtres microscopiques et de tous ces parasites qui compromettent parfois nos récoltes peut conduire à d'importantes découvertes scientifiques. Il en est de même pour la physique, la géologie, la minéralogie et la physiologie comparée. En plaçant ces sciences au Muséum, le législateur a voulu qu'elles y prissent un caractère particulier.

L'enseignement peut donc être fortement organisé dans cet établissement, en vue des besoins nouveaux, et nous aurons pour le donner des professeurs éminents.

Les *travaux pratiques,* si nécessaires à l'instruction des élèves, viennent d'y être introduits par les décrets du 31 juillet.

Une *bibliothèque* spéciale, la plus importante peut-être qui soit au monde pour l'histoire naturelle, leur sera ouverte.

Les *collections* destinées à représenter les trois règnes de la nature y sont d'une richesse incomparable.

Enfin, le Muséum possède, dans le parc de Vincennes, un terrain propre à former un champ d'expériences et à devenir un laboratoire de recherches pour toutes les applications des sciences à l'exploitation de la surface du sol.

Pour constituer l'enseignement supérieur de l'agronomie, c'est-à-dire pour faire connaître d'une manière scientifique les lois naturelles qui régissent la production des richesses dont la culture des végétaux et l'élevage des animaux sont la source, il suffirait donc de mettre à contribution une partie des cours existant au Muséum, d'en coordonner les programmes de manière à faire converger les études des élèves vers le but désigné, et d'instituer, sans les faire rentrer dans le cadre de l'enseignement normal du Muséum, quelques cours complémentaires. Or les professeurs, dans leur dévouement à la science et au pays, sont prêts à accepter cette tâche qui, tout en respectant, en fortifiant même le caractère scientifique du Muséum, ramène ce grand établissement, pour une partie de ses études et de son enseignement, à l'esprit de sa fondation.

L'institution proposée pourra donc être établie dès que l'Empereur aura accordé son approbation au projet, puisqu'il ne s'agit que de donner un nouvel emploi à des forces existantes.

J'ajoute que si l'on voulait un jour créer une *école centrale* qui serait pour les *arts agricoles* ce que l'établissement de ce nom a été pour les *arts industriels*, le Muséum, par son enseignement agronomique, offrirait aux élèves de cette maison le secours que la Sorbonne et le Collége de France donnent depuis soixante ans aux élèves de l'École normale.

Création d'une école centrale d'horticulture. — Le terrain possédé par le Muséum au parc de Vincennes, est assez vaste pour qu'à côté du laboratoire de recherches agronomiques que je propose d'y fonder, il soit possible d'établir une école d'horticulture, théorique et pratique, qui n'existe en aucun pays d'Europe.

Il n'est pas nécessaire de disposer de grandes surfaces et de gros capitaux pour faire sur les fruits et légumes, et sur les produits industriels qu'on en tire des observations et des expériences d'une extrême importance. L'homme veut approprier la terre à ses besoins et ne laisser vivre à la surface, dans les deux règnes, que les êtres utiles à son alimentation ou à son industrie. Mais il y rencontre une foule d'ennemis, et les plus redoutables ne sont pas ceux qu'il est le plus facile d'atteindre et de connaître. Il lui faut donc, dans cette lutte implacable, appeler à son aide les patientes investigations de la science qui sait voir l'invisible.

C'est ainsi, par exemple, qu'à la suite d'études persévérantes on a pu trouver le moyen de débarrasser nos vignes de la pyrale, que nos vers à soie le seront peut-être des corpuscules, et que l'observation microscopique du dépôt des vins a récemment fait découvrir la cause de leurs principales maladies. Nous sommes beaucoup moins avancés au sujet des pommiers, des poiriers et des boissons qu'ils fournissent à une partie de la France, même à plusieurs régions de l'Europe.

L'École centrale d'horticulture, en permettant aux botanistes et aux chimistes d'entreprendre des observations variées et des expériences à long terme que l'industrie privée ne peut poursuivre, serait une institution heureuse à la fois pour la science et pour le bien-être de nos populations rurales [1].

Mise en rapport avec nos 77 écoles normales des départements qui ont des élèves dans tous les villages, il lui serait facile de faire arriver promptement et sûrement des renseignements utiles jusqu'au fond de nos campagnes les plus reculées.

Quand l'organisation de l'enseignement agronomique sera établie, quand les ressources budgétaires auront permis de mettre en état le terrain de Vincennes pour les expériences d'horticulture, la France se trouvera dotée d'une école de plus, et le Muséum d'une vie nouvelle.

Les sciences physiques et naturelles à l'École de médecine. — Lorsque la physique, la chimie, l'histoire naturelle, ou plus simplement les sciences physiques, portent leurs efforts sur l'étude du sol et de ses produits, elles peuvent rendre de très-grands services à l'agriculture; lorsqu'elles s'occupent de l'homme en tant qu'être vivant, qu'elles étudient sa structure et tous les phénomènes qui se passent au sein de ce merveilleux organisme, soit à l'état sain, soit à l'état pathologique, elles constituent la médecine. La population de la France est donc intéressée tout entière, pour sa santé, sa force et sa richesse, aux progrès des sciences physiques dans cette double direction.

A la Faculté de médecine de Paris, ces sciences sont enseignées avec éclat; mais elles n'y trouvent pas les locaux nécessaires aux études théoriques des maîtres et aux exercices pratiques des élèves. Tant que des laboratoires n'y seront pas établis en nombre suffisant pour les 1,800 élèves de la Faculté, il y aura péril certain pour la science médicale française d'être devancée par la science étrangère, et il est de mon devoir de faire à l'Empereur et au pays cette déclaration douloureuse. Les devis des

[1] On pense que les fruits, légumes et racines entrent peut-être pour un tiers dans la consommation alimentaire de Paris, ce qui permettrait de dire qu'ils entrent pour moitié dans l'alimentation générale de la France. L'école d'horticulture aurait donc à opérer, pour en améliorer la production, sur des denrées dont la valeur en argent se chiffre par des milliards.

constructions sont arrêtés, les plans sont dessinés; malheureusement il faudrait pour les exécuter une loi et des crédits qui ne sont pas votés, des expropriations qui ne sont pas faites. Moins heureuse ici qu'au Muséum, où l'enseignement agronomique peut être immédiatement établi presque sans dépense, l'Administration de l'instruction publique, réduite à ses seules ressources, est condamnée à un aveu d'impuissance.

Physiologie. — Une science, la physiologie, tend à prendre dans l'histoire scientifique du xixe siècle la place des mathématiques au xviie, de la chimie au xviiie; il serait à souhaiter qu'une chaire pût être créée pour elle dans les écoles secondaires de médecine qui en manquent encore.

Création d'un observatoire central de physique et de météorologie. — Une autre science physique, la météorologie, réunit aussi ce double caractère d'être une étude des plus délicates de haute théorie, et, en même temps, la recherche d'applications utiles à l'agriculture et à la navigation, puisqu'on est en droit d'espérer qu'elle arrivera un jour à découvrir quelques lois naturelles qui, en certains cas, donneraient aux agriculteurs et aux marins, le premier des biens, la sécurité. Une libéralité de la ville de Paris permettra d'assurer bientôt à cette science une installation particulière, les moyens, par conséquent, d'améliorer ses méthodes, de multiplier les observations, de comparer les faits recueillis, qui sont déjà en nombre immense, d'arriver enfin à des lois de périodicité.

Lavoisier, Laplace, Montigny, etc. avaient déjà voulu, il y a quatre-vingts ans, établir en France, sur un grand nombre de points, des observatoires météorologiques. Lavoisier pensait : « qu'il ne serait pas impossible de publier tous les matins « un journal de prédiction du temps, qui aurait une grande utilité pour la société; » et Romme, dans son rapport à la Convention sur le télégraphe de Chappe, annonçait que les physiciens pourraient, désormais, prévoir l'arrivée des tempêtes et en donner avis aux ports et aux cultivateurs.

Cette idée toute française, recueillie un demi-siècle plus tard par les Anglais et les Américains, fut reprise, en 1852, par les fondateurs de la Société météorologique de France, puis par l'Observatoire impérial où, à la demande de M. le maréchal Vaillant, on étudia la marche du terrible ouragan qui, le 14 novembre 1854, causa tant de sinistres dans la mer Noire. Les deux cent cinquante mémoires envoyés par les météorologistes de tous les pays que le fléau avait traversés, donnèrent lieu à l'organisation du bureau météorologique de l'Observatoire, et un des premiers actes de mon administration fut de fournir au directeur tous les moyens en mon pouvoir pour que ces études fussent poursuivies avec ardeur. Des travaux importants ont été exécutés; de nombreuses correspondances télégraphiques ont été établies en France et à l'étranger; un bulletin quotidien, des cartes, des ouvrages publiés; enfin, par l'envoi aux ports de mer des prévisions du temps, on a rendu de sérieux services à la marine et au commerce.

Mais l'Observatoire impérial est consacré à l'astronomie. Dans l'intérêt d'une des plus belles sciences, il importe de ne pas dénaturer le caractère de notre grand établissement national. Les études météorologiques qu'un vote du Corps législatif a encouragées (1865), pourront y être continuées, puisque le décret du 3 avril 1868, autorise les travaux personnels des astronomes, quand le service astronomique pour lequel l'Observatoire existe se trouve assuré. Il n'est donc pas question de rien détruire, mais il est indispensable de donner en France, à la météorologie, dans un établissement spécial, l'existence indépendante qui lui a été assurée ailleurs.

En Angleterre, en Prusse, en Russie, en Autriche, en Italie, en Portugal, en Hollande, en Suède, en Norwége, en Turquie, et dans tout le nouveau monde, les *observatoires physiques* sont absolument distincts des *observatoires astronomiques*, comme les deux sciences le sont elles-mêmes par leurs méthodes et par leur sujet. La division rationnelle du travail est la condition du progrès dans la science comme dans l'industrie. La météorologie, d'ailleurs, a un domaine assez vaste pour que plusieurs puissent y moissonner en même temps.

La création d'un *observatoire physique central* aurait exigé de grosses sommes pour l'achat du terrain et la construction des bâtiments. La ville de Paris a bien voulu prendre à son compte cette dépense que le budget du ministère de l'instruction publique ne pouvait supporter.

Dans le nouveau parc de Montsouris, à l'extrémité du quartier des Écoles, en un point d'où se découvre presque tout Paris et où les vents du nord n'apportent que rarement les fumées et la poussière de la grande ville, le conseil municipal abandonne en usufruit à l'Université une surface d'un hectare; au milieu, elle reconstruit avec ses terrasses et ses coupoles le palais du bey de Tunis, qui fut, l'an dernier, une des curiosités architecturales du Champ-de-Mars, et elle nous en cède l'usage pour y installer la météorologie.

Il ne restera qu'à y placer les instruments et les appareils physiques et magnétiques qui seront nécessaires, puis à les confier à des hommes capables d'en tirer bon parti.

On aura à leur demander:

Une étude rigoureuse de tous les éléments qui représentent le climat du bassin de Paris, et de tous les phénomènes, intéressant la physique terrestre, qui s'y produisent;

Un travail général de discussion et de calcul des anciennes observations, travail que, de leur côté, l'Angleterre, la Prusse et l'Autriche font entreprendre;

Un travail analogue sur les documents journellement recueillis en France et à l'étranger dans les observatoires publics ou privés, et qui seraient communiqués à l'observatoire central;

La publication quotidienne ou mensuelle des résultats auxquels ces études conduiraient, soit pour les parties les plus élevées de la science, soit pour les applications pratiques qu'on en déduira.

Les hommes capables de poursuivre ce double but ne nous manqueront pas; mais il faudra attendre l'ouverture d'un crédit législatif pour constituer le budget du nouvel établissement.

Je demande l'autorisation à l'Empereur de conduire du moins l'organisation de l'observatoire central de physique aussi loin que le permettront les ressources dont je pourrai disposer.

La météorologie est aujourd'hui au point où se trouvait l'astronomie avant Kepler, peut-être même avant Copernic; elle semble prête à sortir de l'état incertain et obscur où elle est demeurée jusqu'ici, pour s'élever enfin à la condition d'une science constituée.

En lui continuant l'intérêt particulier que, dès l'année 1855, l'Empereur lui montrait, Votre Majesté servira à la fois la science pure, l'hygiène publique, les intérêts maritimes et agricoles du pays et la cause de l'humanité, puisque le système des prévisions, qui a déjà sauvé bien des existences, pourrait, en s'affermissant, empêcher beaucoup de désastres.

Création d'une chaire de paléontologie. — Dans le groupe des sciences physiques, la géologie avec ses annexes : l'anatomie comparée et la paléontologie, se distingue par les immenses progrès qu'elle a accomplis depuis soixante ans. Aucune autre, dans le même laps de temps, n'a révélé autant de faits inconnus; aucune n'a jeté dans la circulation générale autant d'idées nouvelles. Depuis la matière cosmique, dont les météorites nous permettent de constater l'identité de nature avec les éléments des corps terrestres, jusqu'aux couches les plus profondes de notre globe, le géologue embrasse du regard toute la création inorganique, et, à l'aide des débris autrefois vivants qu'elle renferme, il reconstitue une formidable histoire de continents écroulés, d'êtres innombrables, autrefois les maîtres de la terre, de l'air et des eaux, et qui ont à jamais disparu.

Les espèces fossiles sont aujourd'hui, pour les deux règnes végétal et animal, au nombre de plus de 50,000.

Cet immense champ de recherches ne saurait avoir trop de travailleurs. Pour les encourager, il faudrait créer à la Sorbonne, en faveur de la géologie, une seconde chaire, comme en ont presque toutes les autres sciences qui y sont enseignées.

Développement à donner à l'enseignement des sciences naturelles. — L'enseignement spécial a fait une large place aux sciences naturelles, parce que c'est dans la nature que l'industrie et l'art prennent leurs moyens d'action et leur force de renouvellement. Mais ces sciences ne sont pas suffisamment représentées dans l'enseignement supérieur. Dans les Facultés de province, elles n'ont pour toutes leurs branches réunies que trente chaires. Aussi le recrutement pour les grandes chaires de Paris est-il devenu très-difficile. Il faudrait en accroître rapidement le nombre, ne fût-ce d'abord qu'à l'aide de cours complémentaires.

§ 3. — SCIENCES MATHÉMATIQUES.

Décret du 3 avril 1868, pour la réorganisation de l'Observatoire impérial. — Par la création de l'*École des hautes études*, et le chiffre considérable d'élèves qui se pressent aux deux sections des sciences physiques; par la création d'un *enseignement supérieur d'agronomie* et d'un *observatoire météorologique;* par l'ouverture de nombreux *laboratoires de recherches* ou *d'enseignement*, à Paris et dans les départements; par l'espérance, enfin, que ceux de l'École de médecine se construiront bientôt, les sciences physiques auront reçu du Gouvernement toute l'assistance qu'il peut leur donner.

Le reste est l'affaire des hommes. A eux de répondre à l'attente du pays, en assurant sa prospérité avec leur propre gloire.

Pour les mathématiques, l'Administration est réduite, comme pour les lettres, à faire des vœux. Elle ne peut pas plus aider un géomètre à trouver de nouveaux théorèmes qu'un littérateur à produire œuvre qui dure.

Cependant, la réorganisation de l'Observatoire impérial, par le décret du 3 avril 1868, ne peut manquer d'être favorable à ces difficiles études, puisque, du bon état de ce grand établissement, de l'ordre et du calme de ses travaux, dépendent les progrès de l'astronomie.

L'Observatoire va s'ouvrir libéralement à quelques-uns des élèves de l'École des hautes études. Le règlement préparé pour eux promet de nous donner les savants qui nous manquent pour l'astronomie expérimentale et dont nous avons besoin pour que d'habiles et nombreux observateurs soient répartis sur beaucoup de points du territoire. En outre, comme le progrès dans les études astronomiques se lie étroitement au perfectionnement des méthodes dans la haute analyse, les mathématiques pures profiteront de tous les efforts qui seront faits à l'Observatoire impérial pour l'avancement de la science [1].

---

[1] La question du maintien de l'Observatoire impérial sur l'emplacement qu'il occupe, ou de sa translation partielle hors de Paris, celle aussi de ses rapports avec le Bureau des longitudes, sont l'objet d'études qui se poursuivent au sein de l'Académie des sciences.

Les autres élèves de la section de mathématiques trouveront au Collége de France et à la Sorbonne toute l'assistance désirable pour leurs travaux théoriques et pour leurs études d'application.

§ 4. — SCIENCES HISTORIQUES ET PHILOLOGIQUES.

En étudiant le mouvement littéraire de ce temps, on est conduit à penser que le goût du public français pour les études sévères s'émousse et s'affaiblit. Il semble qu'en dehors de l'Académie des inscriptions et de l'École des chartes, l'érudition nous effraye. On préfère les lettres pures, les vérités générales, la peinture des caractères et des passions, l'analyse du cœur humain, le style brillant des lectures faciles, et ces innombrables études de critique dont quelques-unes ne sont que la forme littéraire de cet esprit frondeur, une des formes les plus anciennes et les plus vives du génie national.

Mais il y aurait péril pour les lettres elles-mêmes à dédaigner l'érudition, comme un objet de vaine et inutile curiosité. L'esprit français perdrait de sa force, puisqu'il laisserait tarir pour lui une des trois sources de vie, d'inspiration et d'études fécondes où les lettres se retrempent et se fortifient : l'homme et la société, Dieu et la nature, l'humanité et son histoire. C'est la pensée qui a fait instituer, à l'École des hautes études, une section d'histoire et de philologie.

Il était à craindre qu'il ne se présentât qu'un très-petit nombre d'élèves pour y entrer. Cette section se trouve être au contraire une des plus nombreuses : 68 inscriptions. Ce chiffre d'heureux augure et le dévouement résolu des maîtres qui en forment la commission permanente donnent à penser que les jeunes gens, curieux d'études sévères, vont être dirigés selon leur goût au milieu des richesses accumulées dans nos musées d'antiques, nos bibliothèques et nos archives. Cet empressement doit autoriser l'Académie des inscriptions et belles-lettres à concevoir l'espérance de compter bientôt plus d'auxiliaires pour ses savantes publications, plus d'ouvrages d'érudition et de philologie pour ses concours, plus de lauréats pour ses récompenses.

Les épreuves d'érudition rétablies aux concours d'agrégation. — Jadis, dans les diverses agrégations des lettres, on exigeait des candidats qu'ils se missent en état de répondre à de difficiles problèmes d'érudition posés une année à l'avance. Pour plusieurs des agrégés d'autrefois, ces questions devinrent, après l'épreuve du concours, le sujet d'études persévérantes, de thèses doctorales, même d'ouvrages qui leur ont ouvert les portes de l'Institut. Je proposerai au Conseil impérial, dans sa prochaine session, de reprendre cet usage, qui rattacherait à l'École normale supérieure et au sein de la jeunesse studieuse le goût du savoir puisé aux sources les plus sûres et les meilleures.

On pourra de même demander aux candidats pour les agrégations scientifiques des recherches approfondies sur certains faits nouveaux ou quelque point obscur de la théorie, sans oublier l'histoire des sciences, qui n'est pas suffisamment connue de nos jeunes savants.

Moyens permanents d'information. — Par quelques-unes de ses branches, la littérature se rapproche de la science proprement dite, en ce sens qu'elle a besoin, elle aussi, d'instruments matériels pour accomplir son œuvre. Il faut, par exemple, à l'historien, au géographe, au philologue, à l'archéologue, à l'économiste, etc. etc. :

Des *bibliothèques* qui s'enrichissent constamment des publications les plus importantes;

Des *recueils périodiques* où seraient annoncés, brièvement analysés, quelquefois traduits, les travaux des savants des deux mondes.

L'auteur de la *Vie de César* sait de quelle importance il est, pour bien étudier un grand sujet d'histoire, de connaître les travaux correspondants des publicistes étrangers, afin de ne point recommencer inutilement des recherches déjà faites ou, plus souvent, pour faire jaillir la lumière de la contradiction des idées.

Le rôle que j'attribue aux recueils périodiques pour tenir les érudits au courant des publications étrangères, ou, comme disait Mézerai, « pour faire sçavoir ce qui se passe de nouveau dans la république des lettres, » était autrefois rempli en France par le *Journal des Savants;* mais ce recueil, depuis trente ans, a pris un caractère qu'on ne saurait changer, et qui, d'ailleurs, continue sa grande et légitime renommée.

On devra donc chercher d'un autre côté pour organiser, en faveur des sciences historiques et morales, comme en faveur des sciences proprement dites, *des moyens permanents d'information.* Ces recueils perpétueront l'œuvre entreprise par la publication qui s'achève en ce moment des Rapports sur l'état des lettres et les progrès des sciences en France sous le règne de Votre Majesté.

Il n'est point nécessaire que j'entre, dès à présent, dans le détail des moyens d'exécution. Je me contente de signaler à l'Empereur ce double besoin qui ne demandera, pour être satisfait, qu'une légère augmentation de crédit sur les fonds des bibliothèques et des sociétés savantes.

Si les villes et les départements faisaient la même dépense pour leurs grandes bibliothèques, la librairie française serait encouragée à multiplier les publications sérieuses qui ont fondé sa réputation.

Missions. — Nos savants ne voyagent pas assez. Il faudrait faire voyager au moins ceux qui veulent le devenir, en donnant à de jeunes érudits des missions à l'étranger, non point, comme c'est le cas dans les missions ordinaires, pour faire des découvertes d'archéologie, d'histoire ou de géographie, mais pour compléter leur propre instruction en étudiant la science moderne à Berlin, à Oxford ou en Amérique, comme les membres de l'École d'Athènes étudient en Orient la civilisation hellénique, comme les élèves de l'École de Rome vont étudier en Italie et en Allemagne les chefs-d'œuvre de la Renaissance ou ceux de la statuaire et de l'architecture antiques. Dans le personnel de ces missions, on trouverait des rédacteurs compétents et bien informés pour les recueils que je propose de créer, ou mieux encore de développer par des subventions aux recueils existants.

Il me semble que ces publications et ces missions établiraient, au profit de la science française, une source de renseignements nécessaires sur les travaux scientifiques de l'Europe contemporaine.

Subventions ou souscriptions. — Mais l'érudit ne trouve pas toujours un libraire qui consente à supporter les frais d'une publication onéreuse et à courir les risques d'éditer un livre qui ne peut avoir qu'un petit nombre de lecteurs. Après avoir aidé le savant à trouver, ne fût-ce qu'une parcelle de vérité, il faut, quand c'est nécessaire, l'aider à la mettre au jour pour la montrer à tous. L'Imprimerie impériale n'a, pour ce service, qu'un crédit de 20,000 francs.

Ces mesures, à les prendre isolément, n'ont point une importance considérable. Cependant, les réunir en un plan général et en former la règle de l'Administration, paraîtrait aux savants un encouragement véritable donné à leurs travaux.

Réorganisation de l'École des langues orientales vivantes. — On peut rattacher à cet ordre d'études, mais pour des intérêts très-différents, un projet de réforme qui s'appliquerait à une de nos plus vieilles institutions. Le commerce et la diplomatie demandent que l'Administration organise le plus tôt possible, sur des bases nouvelles, l'École des langues orientales vivantes.

Cette école, fondée par un décret de l'an III, devait enseigner « les idiomes d'une utilité reconnue pour la politique et le commerce. » C'était l'idée de Colbert agrandie. Avec le temps, on perdit de vue ce but essentiel; les études d'érudition prirent le pas sur les études pratiques; plusieurs chaires firent double emploi avec les chaires savantes du Collége de France, et l'École resta sans élèves préparés à servir le pays dans ses échanges ou dans ses négociations avec l'Asie.

Cependant, nos relations politiques et commerciales s'accroissent tous les jours jusque dans l'extrême Orient. Un monde nouveau nous est ouvert, avec ses populations surabondantes et industrieuses, douées des aptitudes les plus diverses, mais séparées les unes des autres par des différences d'origine, de culte, de langue, d'habitudes. Pour pénétrer dans un tel milieu, pour connaître les mœurs, les besoins de ces peuples, pour fonder sûrement la fortune de nos échanges, il ne suffit pas de posséder la langue des érudits qui s'enseigne au Collège de France, il faut acquérir l'idiome pratique des contrats et des transactions qui doit se donner à l'École des langues orientales vivantes.

Le ministère des affaires étrangères, nos grandes compagnies, nos négociants ont besoin d'interprètes et d'agents assez nombreux et assez habiles pour que les intérêts de la France puissent être confiés partout à des mains françaises. Les chambres de commerce, voyant l'Angleterre, l'Autriche, l'Italie et la Russie faire de grands efforts pour établir ou fortifier chez elles l'étude de ces idiomes, insistent pour que notre école soit ramenée à son caractère originel; en même temps nos savants demandent qu'on leur traduise les livres de ces pays qui ont tant de secrets à nous livrer sur l'histoire générale des races, des langues et des sociétés humaines.

Il y a donc urgence à réorganiser, en la complétant, l'école spéciale des langues orientales vivantes, de manière à former des interprètes et à mettre les jeunes négociants français à même de s'établir en Orient ou de s'y créer des relations.

Un projet rédigé dans cet esprit est pendant au Conseil d'État. Mais il entraînera une augmentation de dépense annuelle de 60,000 francs, et ne saurait d'ailleurs être exécuté qu'après que l'École aura pu remplacer la salle étroite et sombre que la Bibliothèque impériale lui abandonne à regret, par un établissement où elle serait chez elle, avec ses livres, ses manuscrits et ses élèves. Cette éventualité dépend de la reconstruction du lycée Louis-le-Grand, et le Corps législatif n'a pas encore ratifié la convention passée à cet effet entre la ville de Paris et l'Administration de l'instruction publique.

Avec l'École des langues orientales vivantes ainsi reconstituée, avec le Collège de France où les idiomes savants sont l'objet de travaux assidus, avec la section de philologie de l'École des hautes études qui va reprendre, au point de vue grammatical et philosophique, toutes les questions relatives à l'étude du langage, on aurait le moyen de rendre une vitalité plus forte à cette branche de la science qui languit chez nous, tandis qu'elle prospère ailleurs.

Les résultats attendus valent la peine d'un grand effort. Car ces études ne sont pas seulement un noble exercice de l'esprit; en portant, avec la certitude des procédés scientifiques, quelques rayons de lumière au milieu des ténèbres qui couvrent les premiers âges du monde, elles nous ont déjà fait retrouver plus d'une page perdue des annales de l'humanité; elles ont expliqué la filiation des peuples, l'état social et intellectuel de races disparues et, par là, elles ont éclairé l'histoire originelle des philosophies et des religions.

La philologie est pour l'histoire primitive des idées ce que la paléontologie est pour l'ancienne histoire du monde.

Voyages de circumnavigation. — Une autre manière de favoriser les sciences physiques et naturelles, l'histoire et la philologie, serait l'organisation de lointaines expéditions scientifiques.

Il n'est pas de grand gouvernement qui n'ait tenu à honneur de faire entreprendre quelque voyage de circumnavigation et de découvertes, afin d'expérimenter à la mer les instruments nouveaux, et de vérifier sous toutes les latitudes les nouvelles théories. L'Autriche, la Russie ont, comme l'Angleterre et les États-Unis, donné ce gage à la science. En France, on se souvient encore des grands voyages scientifiques dont le dernier fut l'expédition de Dumont d'Urville. Le Gouvernement impérial doit continuer cette tradition.

Déjà, à la demande du Bureau des longitudes, j'ai prié M. le Ministre de la marine de confier à un certain nombre d'officiers la mission de reprendre, d'après un plan d'ensemble, la détermination géographique des principales stations maritimes du globe terrestre. Cette mission a été acceptée avec le plus gracieux empressement. Le Bureau des longitudes s'est chargé de donner à des officiers habiles et dévoués les instructions nécessaires pour mener à bonne fin cette étude. Il réunit leurs observations, les soumet au calcul et en publie chaque année les résultats dans la *Connaissance des temps*. La navigation n'est pas seule intéressée à cette entreprise, qui a pour but la détermination définitive des méridiens fondamentaux du globe terrestre; la géographie de précision y trouvera aussi une base sûre, et toutes les nations maritimes profiteront des résultats d'un grand travail où Votre Majesté aura plaisir à voir réunis, par une association féconde, le Bureau des longitudes et le corps si instruit des officiers de notre armée navale.

Un grand phénomène astronomique va nous offrir l'occasion d'une entreprise plus générale. Toutes les nations, la France comprise, se proposent de faire étudier en 1874 le passage de Vénus sur le disque du soleil. Nos savants devront se rendre, pour cette observation importante, à la terre de Van-Diémen. L'Empereur m'a déjà permis de m'entendre à ce sujet avec M. le Ministre de la marine. Il serait digne de la France et de Votre Majesté d'assigner à cette expédition un autre but que l'observation du phénomène astronomique, en lui donnant le caractère d'une longue et sérieuse campagne scientifique, où une large part serait faite à toutes les études qui peuvent se poursuivre à travers les Océans et dans l'autre hémisphère. Je compte saisir de ce projet l'Académie des sciences pour les études physiques qu'il y aurait lieu d'entreprendre, et les deux Académies des sciences morales et des inscriptions pour les questions de races et de philologie.

M. le Ministre de la marine est résolu à faire entreprendre chaque année un lointain voyage aux élèves de l'École navale. Le navire qui les porte pourrait recevoir quelque physicien, naturaliste ou astronome muni des livres et des instruments nécessaires; leurs travaux, dirigés par les instructions de l'Académie, seraient à la fois utiles à la science, qui s'enrichirait d'observations recueillies sous toutes les latitudes, et aux élèves, dont quelques-uns, tout en complétant l'instruction du marin, commenceraient celle du savant. Ce voyage annuel serait une mission scientifique permanente.

§ 5. — Sciences économiques.

À l'École pratique des hautes études, il manque une cinquième section comprenant les sciences économiques.

Cette lacune a été volontaire [1]. Avant de donner à l'institution nouvelle toute l'extension qu'elle peut recevoir, avant d'y constituer un ordre aussi important d'études délicates, il fallait connaître l'accueil fait aux décrets du 31 juillet 1868 par le monde savant et la jeunesse studieuse.

L'Administration n'avait point de doute au sujet des mesures proposées en faveur des sciences physiques; pour l'érudition historique et la philologie, elle ne comptait recruter qu'un très-petit nombre de candidats. Le chiffre de ceux qui se sont fait inscrire dans cette section prouve qu'en France les étudiants ne manquent pas plus qu'ailleurs pour les études les plus élevées et les plus difficiles, à condition qu'ils soient assurés de trouver, comme en d'autres pays, le moyen de les conduire à bonne fin. Il est permis d'espérer qu'il en sera de même pour l'*économie politique*, qu'on devrait peut-être appeler d'un mot plus simple l'*économique*, afin de mieux séparer son domaine de celui de la législation et de la politique qu'elle doit cependant éclairer des lumières qui lui sont propres [2].

Cette science est toute française par ses origines. Si Bacon avait entrevu, le premier, la création d'une science sociale formée sur le modèle des sciences physiques, à l France revient l'honneur de l'avoir constituée, en déterminant son champ d'observations ou d'expériences et ses méthodes d'investigation. C'est un des ses écrivains [3] qui, en 1615, a publié le premier ouvrage portant le titre d'*Économie politique*, et c'est un de ses penseurs les plus distingués du xviiie siècle qui dans ses *Maximes générales du gouvernement économique d'un royaume agricole* (1758) a posé les principes de la science : l'inviolabilité de la propriété privée et l'absolue liberté des échanges. Quesnay a eu, chez nous, de nombreux et illustres continuateurs, à commencer par le grand Turgot; et ils ont travaillé à séparer la discussion des questions

---

[1] Une note jointe au Rapport relatif à la création de l'École des hautes études annonçait qu'il pourrait y être ultérieurement créé une cinquième section.

[2] On disait autrefois la mathématique, on dit encore les mathématiques, la physique, la dynamique, la statique, la politique; tous ces mots sont des adjectifs pris substantivement.

[3] *Traité d'économie politique, dédié au Roy et à la Reyne Mère,* par B. de Montchrestien, sieur de Watteville, Rouen, 1615, in-4°.

qui se rapportent à l'organisation politique des sociétés, de la recherche des lois générales, selon lesquelles se forment, se distribuent et se consomment les richesses destinées à satisfaire aux besoins de l'individu comme à ceux de l'être collectif qu'on appelle l'État.

Ces études sont, en Allemagne, l'objet d'un enseignement très-actif. Elles y ont des chaires nombreuses, qui forment dans quelques universités une faculté à part [1], et il n'est pas téméraire d'affirmer qu'elles ont beaucoup contribué à développer au delà du Rhin l'intelligence et la pratique des saines doctrines économiques.

En France, les notions élémentaires de l'économie politique font partie des programmes de l'enseignement secondaire spécial, et au concours d'agrégation pour cet ordre d'enseignement, il a été établi, depuis deux ans, une section pour laquelle une partie de l'examen porte sur la législation usuelle, l'économie agricole, industrielle et commerciale, les institutions de crédit, les établissements financiers, etc.

L'Université commence donc à former des professeurs capables d'enseigner, dans nos écoles secondaires, les premiers principes de la science économique.

Dans la sphère de l'enseignement supérieur, deux chaires seulement lui sont officiellement consacrées : l'une au Collége de France, l'autre à la Faculté de droit de Paris; deux autres existent au Conservatoire des arts et métiers. Durant la dernière année scolaire, trois professeurs ou agrégés ont ouvert auprès des écoles de droit de Nancy, Grenoble et Toulouse, des cours facultatifs d'économie politique, et 53 autorisations ont été accordées pour des cours libres. La chambre de commerce de Lyon et la Société lyonnaise d'économie politique ont même fondé à leurs frais un cours libre qu'elles ont confié à un étranger. Avec le concours de M. le Ministre du commerce, j'ai chargé un professeur de faculté d'ouvrir dans les villes industrielles du Nord des conférences pour la vulgarisation des vérités économiques les plus essentielles. Un autre a rempli pareille mission dans plusieurs villes de l'Est.

Malgré tous ces efforts, la science économique ne s'apprend guère en France que

[1] A l'Université de Berlin, le programme de la faculté de philosophie, pour le semestre d'hiver de l'année 1868-1869, comprend les cours ou exercices suivants :

    Économie politique : trois cours, 4 heures par semaine pour chaque cours;

    Théorie des finances : 4 heures par semaine;

    Principes de l'administration intérieure et économie politique pratique : 4 heures par semaine;

    Théorie de la police : 2 heures;

    Exercices pratiques sur les finances : 1 heure;

    Principes du crédit foncier et des assurances rurales : 1 heure;

    Production animale par rapport à l'agriculture : 4 heures;

    Examens sur les questions politiques et financières (sans indication d'heure);

    Finances de la Prusse, police et droit administratif (sans indication d'heure).

Il faudrait encore ajouter deux cours de *staatswissensfaten* à la faculté de droit et les cours du *séminaire des statisticiens*. Les universités de Leipzig, de Munich, de Heidelberg, etc., offrent une organisation analogue et en quelques points plus complète.

dans la pratique des affaires, et l'on court le risque de l'y apprendre à ses dépens ou à ceux d'autrui, comme il arriverait au directeur d'usine qui partirait des applications industrielles pour reconstituer les sciences dont il a besoin. Où en serait l'industrie française, si l'enseignement des mathématiques, de la chimie et de la physique n'avait été, depuis quatre-vingts ans, fortement constitué? Et le commerce aurait-il attendu, en Angleterre, jusqu'en 1846, en France, jusqu'en 1860, pour mettre en pratique la vérité établie par Quesnay un siècle auparavant; les utopies sanglantes de 1848 se seraient-elles produites; verrions-nous les *rêves insensés qui agitent encore certains esprits, les erreurs fatales qui subsistent au sein des multitudes*, si, depuis quatre-vingts ans aussi, nous avions largement organisé l'enseignement économique.

D'un côté la *routine* et de l'autre *l'aventure*, les négations stériles ou les affirmations téméraires : voilà deux périls entre lesquels il faut marcher, sous la direction de la science, et non à la lueur trompeuse de l'empirisme. Cette science, dira-t-on, est bien jeune encore pour avoir en cette route difficile un pas ferme et assuré. Elle ne l'est pas plus que la chimie, puisque toutes deux sont nées à la même époque. Donnons à l'une l'assistance que l'autre a trouvée et nous verrons s'accomplir de rapides progrès pour la théorie et la vulgarisation.

Créer pour la science économique de nouvelles chaires, multiplier les sources d'enseignement général, ce serait une excellente mesure, et l'Administration de l'instruction publique n'y manquera pas dans la limite de ses pouvoirs; mais cette science mérite qu'il soit fait en sa faveur ce qui a été décrété pour les autres. Il est bon qu'il lui soit donné place dans l'école supérieure où les maîtres élaboreront la doctrine, où les élèves étudieront la théorie et ses applications.

La création d'une section des *sciences économiques* à l'École pratique des hautes études n'impliquerait pas l'établissement onéreux de tout un ensemble de cours nouveaux.

Comme pour l'histoire et la philologie, cette section profiterait des enseignements qui existent dans nos établissements supérieurs. Les élèves, guidés en outre par des hommes considérables, groupés autour de la *commission permanente* et des *directeurs d'études*, recevront à chaque instant, dans des conférences multipliées, ces conseils individuels qui souvent sont l'unique secret des travaux féconds. Au milieu de ce dédale de textes et de documents qui rendent si difficiles, en pareille matière, la conquête des vérités fondamentales et la connaissance des faits essentiels, ils étudieront sans trouble, avec les directions sûres qui leur seront données, les théories et leurs conséquences. Qu'il s'agisse d'une question abstraite d'économie publique, d'un travail relatif à l'histoire des doctrines ou des faits économiques, d'une étude sur les finances ou la législation, ils pourront, avec l'aide de ces conseils éprouvés, concentrer leurs forces sur ce qu'il y a de vivant dans la science, au lieu de les perdre en de vaines tentatives; révéler leurs aptitudes devant des juges compétents; rédiger des mémoires dont quelques-uns mériteront peut-être les honneurs de la publicité, ou être chargés d'aller à l'étranger étudier quelque branche spéciale de la science.

L'École des hautes études formera ainsi de jeunes maîtres qui, ultérieurement, à un titre ou à un autre, iront propager dans les cours des lycées et des colléges, dans les chaires officielles d'économie politique, dans les cours publics annexés à nos facultés ou créés par des villes industrielles et commerçantes, ces vérités économiques qui, répandues de proche en proche dans les populations, dissiperont enfin de redoutables erreurs et contribueront à assurer à la fois la prospérité industrielle et la paix intérieure du pays. Cette école sera ouverte, en même temps, à de jeunes hommes qui, voués à d'autres carrières, destinés à l'administration, aux finances, à la diplomatie, voudraient ajouter aux études générales de droit qui ont pu les conduire à la licence et au doctorat, les travaux d'un ordre supérieur auxquels l'École pratique des hautes études imprimera le caractère qui lui est propre.

En résumé, je demande à l'Empereur :

1° De fortifier l'enseignement général des sciences économiques en créant au Collège de France une chaire pour l'histoire des faits et des doctrines économiques, et en favorisant dans les départements l'ouverture, auprès des facultés de droit et des lettres, de cours analogues à ceux qui se font ou vont se faire au Collége de France et à l'École de droit de Paris;

2° De constituer au sein de l'École des hautes études une cinquième section sous le titre de *section des sciences économiques*, à laquelle s'appliqueraient toutes les dispositions des décrets du 31 juillet 1868.

Ce qui précède se rapporte aux moyens que l'Administration peut employer pour provoquer le progrès dans les hautes études littéraires et scientifiques.

Ils s'ajouteraient à tous ceux qui existent depuis longtemps, mais qui, tout en excitant une vive et généreuse émulation, ont pour caractère de constater le mérite plutôt que de l'aider à se produire, et de reconnaître les services déjà rendus, bien plus que de mettre les jeunes savants en état d'en rendre. Tels sont les nominations dont l'État dispose, les titres qu'il confère, les souscriptions aux œuvres savantes et les pensions littéraires qu'il accorde, les prix que les académies décernent, ceux que l'Empereur a libéralement fondés pour de grandes découvertes, et enfin, la plus enviée des récompenses, un siége à l'Institut.

(1) Il paraît exister un projet de créer une école libre pour les études juridiques et administratives nécessaires aux personnes qui se proposent d'entrer dans les services publics ou les grandes sociétés industrielles; ce projet serait secondé par l'organisation d'un enseignement public des sciences économiques.

IIe PARTIE.

DES ÉTABLISSEMENTS D'ENSEIGNEMENT SUPÉRIEUR.

Nombre, en 1865, des élèves, des examens et des diplômes délivrés. — Pour faire arriver la jeunesse sortie des lycées à un degré supérieur d'instruction; pour entretenir et développer au sein de la société française le goût des hautes études, nous avons 53 facultés et 3 écoles supérieures, en tout, 408 chaires [1] devant lesquelles viennent s'asseoir chaque année environ 18,000 élèves inscrits ou auditeurs bénévoles qui, en 1867, ont subi 28,825 examens de fin d'année ou de fin d'études, et obtenu 9,814 diplômes.

Ce ne sont donc pas les institutions qui nous manquent et je dois ajouter que l'enseignement qu'on y donne jette un éclat qui n'est surpassé chez aucun peuple. Ces nombreuses facultés qui gardent la science humaine et la communiquent, qui entretiennent dans le pays le goût des études élevées et des plaisirs délicats de l'esprit, avec l'amour du beau, de l'honnête et du vrai; ces 400 chaires, d'où tombent tant d'idées justes, tant de vérités précieuses, où l'indépendance de l'esprit s'allie au respect de tous les droits, où la liberté de la pensée se règle et se discipline elle-même par le sentiment du devoir professionnel: tout cela forme au sein de la société française un ferment heureux et fécond dont l'action neutralise beaucoup d'influences contraires et dangereuses.

Mais ces facultés qui rendent tant de services, donnent-elles tout ce qu'on pourrait leur demander?

§ Ier. — ENSEIGNEMENT DES LETTRES ET DES SCIENCES.

Du caractère de l'enseignement. — Si les facultés qui préparent directement à certaines carrières, comme celles du droit et de la médecine, voient partout une nombreuse jeunesse autour de leurs chaires, les facultés des lettres et des sciences sont, en plus d'un lieu, languissantes, et nulle part elles ne réunissent un public d'élèves assidus. Elles ont des auditeurs de tout âge, de toute condition, que le talent du professeur attire, mais sur lesquels le maître n'exerce pas cette action persévérante qui, seule, constitue l'enseignement fécond.

Ce défaut de notre enseignement supérieur a depuis longtemps appelé l'attention de publicistes qui ne manquent pas de nous montrer comme un reproche les populeuses et vivantes universités d'outre-Rhin; ils oublient de dire que les classes de phi-

---

[1] Nous avons en outre 22 écoles préparatoires de médecine et de pharmacie, avec 223 chaires, et 5 écoles préparatoires à l'enseignement supérieur des sciences et des lettres, avec 42 chaires; ce sont des établissements municipaux, mais les professeurs tiennent leur nomination de l'État.

losophie, de mathématiques élémentaires et de mathématiques spéciales, qui sont une partie si importante et le couronnement de nos études secondaires, se font en Allemagne, à l'Université, et que la jeunesse d'élite, qui remplit les écoles spéciales, beaucoup plus nombreuses en France que chez nos voisins, est naturellement enlevée à nos facultés. Il n'en est pas moins vrai que nous avons un problème à résoudre : celui de donner à nos professeurs, au lieu d'un auditoire flottant et sans cesse renouvelé, de véritables élèves.

Il faudrait bien se garder de fermer les portes de nos écoles supérieures à ces auditeurs irréguliers et de renoncer à une nature d'enseignement qui provoque une heureuse agitation intellectuelle en des villes où, sans lui, peut-être il n'y en aurait pas; mais on doit désirer qu'il devienne l'accessoire au lieu d'être le principal.

Nous pouvons être assurés que nos professeurs ne laisseront pas se perdre la tradition toute française de ces leçons élégantes, spirituelles, parfois même éloquentes; mais ils y joindront, comme beaucoup le font déjà, des leçons didactiques. Car l'enseignement supérieur n'a pas pour seul but d'éveiller le désir d'étudier; il est institué surtout pour mettre l'auditeur en possession des méthodes et pour lui apprendre la science que ces méthodes ont créée.

En Allemagne, des hommes tels que Böeckh, Ritschl, Welcker, Ranke, Raumer, avaient ou ont, par semaine, de huit à dix et même douze heures de cours. Ces cours ne ressemblent en rien aux grandes leçons qui demandent à quelques-uns de nos professeurs une préparation pareille à celle qu'exige un discours académique; mais ce sont de minutieuses directions données à des élèves qui notent toutes les paroles du maître, parce que chacune est un renseignement utile pour l'étude.

C'est ainsi que se sont formées ces mœurs studieuses de l'Allemagne où il se trouve toujours pour chaque branche du savoir humain plusieurs maîtres distingués et, autour de chacun d'eux, de nombreux élèves. En France, à côté de professeurs éloquents qui attirent les auditeurs par centaines autour de leurs chaires, nous possédons d'illustres savants, dont quelques-uns n'ont pas plus de disciples en état de continuer un jour leur enseignement que de critiques autorisés à en signaler les lacunes ou les erreurs; et il est telle chaire qui court le risque de rester inoccupée, parce que l'étude qu'on y poursuit comptera trop peu de représentants pour fournir un successeur à l'homme éminent qui en sera descendu.

D'où vient donc cette différence?

Une des causes du succès des universités allemandes est dans leur régime financier. Les élèves y payent le maître, dont le traitement atteint parfois le chiffre des revenus qu'un grand manufacturier se fait avec son industrie; en France, ils payent l'État, qui, à son tour, rémunère le professeur, et celui-ci tient à honneur de ne rien recevoir que du Trésor public. Il en résulte que nos 56 facultés, nos 400 chaires, ne coûtent à peu près rien au budget [1], mais aussi que le professeur fatigué ou délaissé conserve les mêmes avantages que le maître actif et populaire. Si l'on disait que le système de la rémunération directe par l'élève diminue l'autorité morale du maître, il serait facile de montrer que les pays où ce régime existe sont ceux qui entourent de plus de considération publique le titre de professeur. A Wurtzbourg, le décanat donnait la noblesse.

Une autre cause est l'énergie de la vie provinciale et municipale. Les villes, les États d'outre-Rhin, se disputent les professeurs renommés et ne reculent devant aucune dépense pour s'assurer leurs services.

Nous ne pouvons changer nos institutions et nos habitudes, et nos savants ne sont guère plus disposés à renoncer à leur désintéressement que la plupart des villes à leur indifférence. Cependant ce serait un grand honneur pour l'Université de modifier nos mœurs scolaires : elle peut y parvenir, au moins dans une certaine mesure, en modifiant la direction de son enseignement supérieur.

Il ne s'agit pas d'astreindre nos professeurs de faculté, dans les départements, à autant de cours par semaine qu'il s'en fait dans les universités allemandes, mais il sera bon de revenir à la règle ancienne des trois leçons hebdomadaires : l'une serait pour le public qui veut entendre parler de science ou de littérature; les deux autres pour les élèves qui, cherchant une préparation sérieuse aux grades académiques ou un enseignement substantiel, iront avec le professeur, dans des *conférences* presque intimes, jusqu'au fond de la science. Des élèves de cette sorte, les écoles normales secondaires en donneront aux facultés de province.

Création d'écoles normales secondaires. — L'idée de ces écoles n'est point nouvelle. En 1821, on en décréta l'organisation, sans l'établir; M. de Salvandy, qui reprit ce projet en 1845, n'eut pas le temps de l'exécuter. Je l'ai essayé durant deux années dans une académie avec plein succès, et tous les recteurs s'y montrent favorables. Votre Majesté a bien voulu, par le décret du 11 janvier 1868, en généraliser l'établissement par la création, au chef-lieu de chaque académie, d'une *école normale secondaire* pour la préparation à la licence et à l'agrégation.

Ces écoles seront très-utiles à tout le corps des maîtres répétiteurs qu'elles feront arriver plus facilement au professorat. Leur enseignement, en effet, s'adressera d'abord aux maîtres auxiliaires en résidence au lycée du chef-lieu académique, et à ceux qui, des lycées voisins, viennent par le chemin de fer, assister aux *conférences*; mais il sera donné encore aux aspirants à la licence ou à l'agrégation répandus dans

---

[1] Dépenses de l'enseignement supérieur en 1866 . . . . 3,818,801ᶠ
Recettes de l'enseignement supérieur en 1866 3,597,647
Excédant de la dépense sur la recette, à la charge du Trésor 221,154

toute l'étendue du ressort, qui, chaque semaine, recevront des professeurs de la Faculté, par l'intermédiaire du recteur, des textes de devoirs, des sujets d'études ou de composition et des copies corrigées. Cet enseignement à distance commence à peine et a déjà porté de bons fruits. En 1865, les facultés des lettres et des sciences, dans les départements, n'avaient reçu que 115 licenciés; elles ont, cette année, délivré 138 diplômes.

Que ce nombre s'accroisse encore, en même temps que le niveau de la licence se relèvera dans les facultés des départements, et l'Administration n'étant plus réduite à envoyer de simples bacheliers comme professeurs dans les colléges, les études deviendront plus fortes et meilleures dans ces maisons.

École normale supérieure. — S'il se trouvait bientôt un chiffre assez grand de jeunes gens pourvus du grade de licencié ès lettres, et que, pour le concours d'admission à l'École normale supérieure, un certain nombre de points fût d'avance assuré aux gradués de licence, avec le droit, pour ceux qui en seraient capables, de débuter par les cours de seconde année, l'École pourrait se recruter surtout parmi eux, au grand profit de ses études et des candidats eux-mêmes.

Aujourd'hui beaucoup de ces candidats ne trouvent pas en province l'assistance qui leur serait nécessaire; ils sont obligés de venir à Paris passer à grands frais un an ou deux, quelquefois trois années, pour se mettre en état de subir l'examen d'admission. Avec une bonne organisation des écoles normales secondaires, ils ne seraient pas enlevés aux facultés départementales. Ils resteraient dans leur ville natale ou dans leur province, près de leur famille, avec moins de dépense et dans un milieu plus tranquille, par conséquent plus favorable à l'étude, et qui vaudrait mieux pour la préparation aux sévères devoirs du professorat.

L'École, obligée de préparer elle-même ses élèves à la licence, leur fait recommencer pour la troisième ou quatrième fois les hautes classes du lycée, c'est une rhétorique beaucoup trop prolongée. Délivrée de ce souci, elle leur demanderait de donner plus de temps et d'attention à la discussion des textes, à l'analyse des ouvrages anciens et modernes, aux recherches savantes d'histoire et d'archéologie, aux travaux sérieux de philosophie et de littérature, même à la lecture des manuscrits, seul moyen d'entrer en communication directe avec les textes et de pouvoir entreprendre des études originales d'histoire et de philologie. Aux termes des décrets du 31 juillet 1868, elle peut garder pendant deux années après l'agrégation ses meilleurs élèves. Elle deviendrait alors, au-dessus des écoles normales secondaires, l'école véritablement supérieure, le lieu où se donnerait la plus haute culture des lettres et des sciences en vue de l'enseignement.

J'ai l'intention de soumettre ces idées au Conseil impérial dans sa prochaine session.

Des concours d'agrégation. — Tous ces concours, excepté pour la médecine et la pharmacie, ont lieu à Paris. Il serait bon de faire participer les facultés de province à ces solennités qui, pour le juge comme pour le candidat, sont l'acte le plus important de la vie universitaire, à la condition cependant que les candidats y trouveraient les ressources nécessaires pour les épreuves. Les académies rectorales verraient avec plaisir se tenir dans leur chef-lieu, sous la présidence d'un inspecteur général, quelqu'une de nos grandes assises scolaires; et comme les académies répondent pour la plupart aux provinces d'autrefois, cette mesure, jointe à celles qui sont indiquées dans le présent rapport, donnerait une satisfaction à ce qui subsiste encore de ce patriotisme provincial, qui n'est plus un danger et qui pourrait devenir une force.

Rapports plus étroits à établir entre l'enseignement secondaire et l'enseignement supérieur. — La création des écoles normales secondaires imposera aux professeurs de faculté des obligations nouvelles qui seront toutes, il est vrai, dans l'intérêt de l'enseignement et de la dignité des facultés; mais ces professeurs viennent d'obtenir de sérieux avantages par le vote d'un premier crédit demandé au Corps législatif pour l'augmentation des traitements, et je voudrais, en outre, pouvoir donner une plus grande force à leur influence.

Par les examens du baccalauréat, par la correction et le classement des copies du concours académique et du concours général, ils constatent et comparent pour les élèves les résultats de l'enseignement secondaire. Par les examens de licence et les concours d'agrégation, ils jugent le professeur lui-même.

Mais cette comparaison et ce jugement restent sans effet utile pour l'amélioration des études, puisque l'expérience acquise dans ces travaux ne sert pas à mettre les candidats aux diverses épreuves dans la voie que les juges estimeraient la plus sûre pour arriver au but. En un mot, entre les études qui se font au lycée ou au collége et le jugement de ces mêmes études qui se porte à la faculté, il n'existe aucune corrélation, si ce n'est dans le petit nombre de maisons où les professeurs de faculté font les examens du cinquième mois.

En outre, l'Administration ne peut adresser à tous les professeurs de lycée et de collége les ouvrages qui leur permettraient de perfectionner leur méthode ou d'ajouter des faits nouveaux à leur enseignement. Il ne lui serait pas plus facile d'envoyer à nos 350 maisons les appareils, objets ou instruments nouveaux qui seraient nécessaires aux démonstrations. Mais les collections et les bibliothèques des facultés peuvent et doivent être tenues au courant de tout ce qui sert aux études; et le professeur de physique, de chimie, de littérature ancienne, d'histoire, etc., qui en a la garde ou l'usage quotidien, aurait bien des renseignements ou des conseils à donner à ses confrères des lycées. Représentant naturel, pour tout le ressort académique, de l'ordre d'enseignement qui lui est confié, il pourrait exercer sur cet enseignement une influence qui, toutefois, ne devrait jamais, même en cas de délégation spéciale, s'étendre aux personnes et troubler l'ordre des compétences, ou diminuer l'autorité du professeur dans sa chaire.

Les facultés des lettres et des sciences répondraient ainsi plus complétement au but de leur institution et, dans chaque ressort, le corps académique rendu plus homogène en deviendrait plus vivant et plus fort.

Sociétés savantes des départements. — Un moyen d'accroître cette vitalité des corps académiques, qui devraient être les héritiers de nos anciennes universités provinciales, serait d'associer à ce mouvement les 244 sociétés savantes des départements. Elles se répartissent de la manière suivante entre nos 18 académies :

Académie d'Aix (Provence).................................... 19
————— d'Alger (Algérie).................................... 5
————— de Besançon (Franche-Comté)........................... 9
————— de Bordeaux (Guyenne et Gascogne)..................... 12
————— de Caen (Normandie et Maine).......................... 27
————— de Chambéry (Savoie).................................. 7
————— de Clermont (Auvergne, Marche et Bourbonnais)......... 7
————— de Dijon (Bourgogne, Nivernais et partie de la Champagne)... 13
————— de Douai (Flandre, Artois et Picardie)................ 25
————— de Grenoble (Dauphiné et Vivarais).................... 6
————— de Lyon (Lyonnais, Forez, Bresse et Bugey)........... 17
————— de Montpellier (Bas-Languedoc et Roussillon)......... 10
————— de Nancy (Lorraine).................................. 11
————— de Paris (Ile-de-France, Orléanais, Berry, Champagne)....... 22
————— de Poitiers (Poitou, Aunis, Saintonge, Angoumois et Limousin). 17
————— de Rennes (Bretagne et Anjou)........................ 17
————— de Strasbourg (Alsace)............................... 8
————— de Toulouse (Haut-Languedoc, Quercy, Rouergue, Foix, Bigorre). 11

Ces sociétés sont sans lien entre elles, et elles tiennent avec raison à leur autonomie, qu'il faut respecter. Cependant instituées surtout en vue d'étudier l'archéologie et l'histoire de leur province, elles devraient combiner leurs efforts pour faire avancer cette œuvre éminemment nationale, sans laquelle l'histoire générale de la France ne saurait faire aujourd'hui de sérieux progrès.

Je propose à l'Empereur de fonder dans chacune de nos académies un prix annuel de 1,000 francs qui serait décerné au mémoire ou à l'ouvrage jugé le meilleur sur quelque point d'archéologie, d'histoire politique et littéraire ou de science, intéressant les provinces comprises dans le ressort académique. Les commissions qui décerneraient les prix seraient formées en majorité par les présidents ou les membres des sociétés savantes de l'académie.

§ 2. — Enseignement de la médecine et du droit.

Le cercle des études supérieures laïques comprend encore le droit et la médecine avec les sciences qui s'y rattachent.

Écoles secondaires de médecine. — La loi préparée pour l'enseignement médical permettrait aux 22 écoles secondaires de médecine de développer leurs moyens d'instruction et aux élèves d'utiliser beaucoup de ressources qui leur sont aujourd'hui inutiles. En outre l'enseignement secondaire spécial qui donne une place si importante à la physique, à la chimie et à l'histoire naturelle, préparera sérieusement les futurs élèves de ces écoles aux études qu'ils doivent y faire, et il y aura lieu d'examiner s'il ne convient pas de modifier le certificat de grammaire, seul exigé d'eux aujourd'hui, en le rapprochant du diplôme d'enseignement spécial.

Cours de droit français. — Pour le droit, un grand nombre de villes désirent qu'il soit créé en leur faveur des facultés nouvelles. Cependant les procès diminuent, et il n'est pas démontré que les 11 facultés existantes ne suffisent pas à tous les besoins du barreau, de la magistrature et de la science juridique. Mais on peut se demander s'il n'y aurait pas lieu de provoquer l'établissement dans les villes commerçantes et industrielles de cours de droit commercial et administratif, d'économie politique et de législation usuelle pour les fils d'industriels, de négociants, d'armateurs ou de propriétaires, pour les membres futurs des grandes compagnies industrielles et de finance, ou des administrations publiques, pour les jeunes gens en un mot qui, avant de se mêler aux affaires d'intérêt privé ou d'intérêt public, compléteraient leur instruction en étudiant les questions de l'ordre économique et en apprenant ce que chacun est censé connaître, quoique nombre de citoyens l'ignorent, les lois et les institutions du pays [1].

Ces cours de droit français joueraient, pour une partie de l'enseignement secondaire *spécial*, le rôle que remplissent les facultés à l'égard de l'enseignement secondaire *classique;* ils en seraient l'achèvement.

§ 3. — Bourses pour l'enseignement supérieur.

L'État dépense chaque année plus d'un million pour élever dans ses lycées les fils de ceux qui l'ont bien servi. C'est à la fois une dette qu'il paye et un encouragement qu'il donne. Mais les élèves détenteurs d'une bourse impériale ne peuvent la conserver

[1] Il résulte d'une enquête faite au mois de mai 1867 que, sur 4,895 étudiants en droit, 2,052 seulement se destinaient à la magistrature, au barreau et au professorat en droit.

au delà de leur dix-huitième année accomplie. Ils se trouvent donc brusquement abandonnés à eux-mêmes au moment où ils auraient le plus besoin d'assistance. Il est vrai que le Gouvernement, dans ses écoles spéciales, accorde très-libéralement la gratuité pour former les professeurs, les officiers, les marins, les ingénieurs, etc., dont les services lui seront plus tard nécessaires; mais, jusqu'à présent, il n'a point pensé qu'il lui fût utile d'imposer un sacrifice au Trésor public pour préparer des jurisconsultes, des médecins, des savants et des lettrés, en constituant des bourses au profit de quelques élèves des facultés de droit, de médecine, des sciences et des lettres. Le Ministre de l'instruction publique ne peut venir en aide aux étudiants pauvres de cette catégorie qu'avec un crédit de 38,000 francs qu'il emploie à des remises de droits d'examen ou de diplômes et dont près de la moitié est prise par les seuls élèves des séminaires.

Il n'en est pas de même à l'étranger :

La Belgique dépense 50,000 francs pour entretenir des bourses dans deux universités seulement, celles de Liége et de Gand.

La seule université de Kœnigsberg, en Prusse, a davantage : 56,000 francs, et Gœttingen, près de 100,000 francs (*stipendien*).

En Angleterre, parmi les récompenses que les écoles secondaires délivrent à leurs meilleurs élèves, se trouve la concession de revenus de 750, 1,200, 1,500, 3,000 francs, payables durant trois, quatre ou cinq ans à l'université. Rugby dispose de 20 pensions de ce genre, d'une valeur chacune de 1,000 à 2,000 francs; Eton en distribue chaque année 15, qui s'élèvent à un total de près de 18,000 francs.

A l'université l'instruction, généralement très-onéreuse pour les fils de lords et de gentlemen, ne coûte à peu près rien à l'étudiant qui se distingue par le travail et le talent. Les colléges d'Oxford ou de Cambridge l'adoptent comme boursier, l'associent, comme agrégé, au partage de leurs riches revenus et lui constituent ainsi, pendant son séjour, une pension qui peut même, sous certaines conditions, devenir viagère.

Une institution analogue existe en Italie, le collége Charles-Albert à Turin, ou collége des Provinces, ainsi nommé parce que les anciennes provinces de la monarchie piémontaise y entretenaient un certain nombre de bourses au moyen de rentes sur l'État. Il a été fondé pour assurer l'accès des hautes études aux élèves distingués des classes secondaires, qui par l'insuffisance de leurs ressources n'auraient pu suivre les cours de l'université. Ils y étaient logés et nourris; ils y trouvaient des conseils et des moyens d'études pendant les quatre ou cinq années que durent les cours des quatre facultés. Beaucoup parmi les hommes les plus distingués du Piémont ont passé par le collége Charles-Albert, qui n'a plus d'internes, mais a conservé ses bourses pour l'université. Les provinces entretiennent même des élèves dans les universités étrangères.

C'est ainsi qu'on faisait au moyen âge à l'aide des nombreuses fondations établies en faveur des étudiants pauvres.

Je crois pour deux raisons que la France devrait imiter ces exemples:

La première, c'est que la communauté a autant d'intérêt à se donner des jurisconsultes, des médecins, des savants et des lettrés que des officiers et des ingénieurs.

La seconde, c'est que la dépense faite pour les bourses dans les lycées court parfois le risque d'être perdue, faute d'avoir été quelque temps encore continuée. Durant huit années, la société entoure un enfant de sa sollicitude; elle le nourrit, l'habille, le loge et l'instruit; elle dépense 8 à 10,000 francs et beaucoup de soins à créer une force dont elle compte profiter, et à dix-huit ans, quand cette force aurait besoin d'être encore contenue et dirigée, on l'abandonne à elle-même, au risque de la laisser se dissiper et se perdre, comme la vapeur qu'on jette aux vents. En un mot, la première dépense en exige une seconde, surtout dans une société démocratique, afin que le jeune homme pauvre qui montre pour les sciences et les lettres d'heureuses dispositions soit encouragé et soutenu aussi bien que celui qui prouve son aptitude pour l'armée, la marine et les travaux publics.

Le décret du 11 janvier 1868 autorise l'université à pratiquer ce système avec ses ressources particulières en assurant, au sortir du lycée ou du collége, le logement, la nourriture, l'instruction et une indemnité aux meilleurs parmi les candidats à l'École normale supérieure qui se prépareraient à la licence en faisant un stage dans les écoles normales secondaires des facultés de province.

Le décret du 31 juillet 1868 fait la même chose pour les hautes études, puisqu'il permet d'accorder une indemnité à quelques-uns des élèves de la nouvelle école. Ces bourses seront un argent placé sûrement par l'État et à gros intérêt, car elles ne seront données qu'à ceux qui auront montré une aptitude et une vocation décidée; de sorte que si, dans les lycées, la bourse est la récompense des services du père, à l'École des hautes études, elle sera une avance pour ceux que la société attend de l'élève lui-même.

Le décret a posé le principe, mais pour l'appliquer l'Administration ne dispose encore que d'un très-faible crédit. Je demanderai à l'Empereur l'autorisation de porter au budget un chiffre plus élevé dès que les ressources le permettront.

§ 4. — Enseignement libre.

J'indiquais plus haut deux causes de la prospérité des universités allemandes: leur régime financier et l'émulation des villes à se disputer les professeurs éminents, ce qui est une manière d'en produire. Il en est une troisième : la multiplicité des cours.

Ces universités ont trois sortes de professeurs enseignant à la fois dans l'enceinte académique : l'*ordinaire*, l'*extraordinaire* et le *privat docent*, tous trois payés par les particuliers, les deux premiers rémunérés en même temps, mais très-inégalement, par l'État.

Nos facultés ne connaissent qu'un seul ordre de professeurs, ceux qui sont *titulaires* de leur emploi. Les *suppléants* et *chargés de cours* ne remplissant qu'une fonction accidentelle et temporaire ne constituent point un ordre à part.

Mais ces titulaires sont peu nombreux, cinq en moyenne, et l'enseignement est ordonné d'une manière immuable. Pour ouvrir les rangs des professeurs à des maîtres que signalerait une aptitude particulière, pour ajouter un nouvel enseignement aux enseignements anciens, il faudrait créer des chaires, constituer des traitements qui, aussitôt, deviendraient permanents, car ces créations exigent les formes les plus solennelles dont se puisse revêtir l'autorité publique : une délibération au Conseil d'État, un décret de l'Empereur, un vote du Corps législatif.

Nos facultés ainsi réduites à un très-petit nombre de professeurs, et où le renouvellement ne se produit qu'avec une extrême lenteur, ne peuvent, malgré le talent et l'ardeur qu'on y montre, avoir la variété, le mouvement, la vie d'universités autrement composées. Celle de Berlin comptera pour l'année 1868-1869, dans la seule faculté de philosophie qui répond à nos deux facultés des lettres et des sciences : 58 cours sur des sujets différents, faits par les professeurs ordinaires, 78 par les extraordinaires, et 53 par les *privat-docenten*.

Je ne proposerai pas d'augmenter, au hasard des circonstances, le nombre des chaires et de déranger l'économie si bien réglée de notre enseignement. Cet ordre est dans nos mœurs; il a ses avantages, et ceux qui le représentent pourraient former justement ce que, dans la langue scolaire de l'Allemagne, on appelle le *senatus amplissimus*.

Mais aux bienfaits de l'ordre, il est possible de joindre ceux de la liberté, en allant aussi loin dans ce sens que nos lois et nos mœurs le permettent, et de donner à notre enseignement supérieur la variété qui attire, le mouvement qui fait la vie, l'émulation qui garantit le progrès, sans détruire la tradition qui est une force.

A nos facultés de droit et de médecine sont adjoints des agrégés qui rendent d'incontestables services. Comme ils ont tous le titre de docteur, qui est indispensable pour professer dans l'enseignement supérieur officiel, ils pourraient être autorisés à ouvrir des cours, dans le local et avec le matériel de la faculté.

Les facultés des lettres et des sciences ont eu aussi leurs agrégés. L'institution est tombée en désuétude parce qu'elle ne donnait qu'un titre, tandis que l'agrégation des lycées, presque aussi difficile, assurait immédiatement une place et un traitement. Ceux des agrégés des lycées qui sont en même temps docteurs se trouveraient dans les conditions des agrégés de droit et de médecine et jouiraient des mêmes avantages.

Ceux qui ne le sont pas pourraient du moins être associés, moyennant indemnité, à une partie des travaux que les écoles normales secondaires, si elles se développent et prospèrent, imposeront aux professeurs titulaires.

Les thèses de doctorat, dans les facultés des lettres, constituent le plus souvent des ouvrages qui restent. Dans celles des sciences et de droit, ce sont encore des travaux considérables; et elles tendent à prendre ce caractère dans les écoles de médecine. Aussi le grade de docteur est-il, en France, bien plus difficile à conquérir qu'en tout autre pays. Cependant, au delà du Rhin, ce titre suffit à de nombreux *privat-docenten* pour ouvrir un cours à la faculté, avec l'agrément de ses professeurs, qui rarement sont avares de leur consentement.

Il serait à souhaiter qu'il en pût être de même en France.

L'Administration de l'instruction publique est disposée à favoriser de tout son pouvoir cette forme de l'enseignement libre.

Lorsqu'elle ne peut mettre l'enseignement libre dans la faculté même, elle l'établit à côté, ou le laisse s'organiser lui-même sous une autre autorité publique. Ainsi s'est formée, près de la Faculté de médecine, l'*École pratique* où, chaque année, 30 à 40 docteurs donnent des leçons, les unes payantes, les autres gratuites, toutes parfaitement libres, et l'Administration de l'Assistance publique a autorisé l'ouverture dans les hôpitaux de cours presque aussi nombreux.

Le même désir de venir en aide au nom de l'État à l'enseignement libre a décidé l'Université à construire auprès de la Sorbonne, de nouveaux amphithéâtres où il se fait, sur certaines branches des connaissances humaines, des cours qui n'existent que là.

L'Administration est allée encore plus loin, elle a provoqué, sur tous les points du territoire, l'établissement de conférences ou cours littéraires et scientifiques.

En 1863, on en comptait 20; il y en a eu 300 en 1864; 876 en 1865; 1,003 en 1866. Si le nombre en est tombé à 732 en 1867-1868, c'est que beaucoup se sont transformés en cours supérieurs pour quelques-unes de nos 33,000 classes d'adultes.

En songeant à ces 732 cours libres, parmi lesquels il s'en est trouvé 251 pour les sciences, 172 pour les lettres, 102 pour l'histoire, 65 pour l'hygiène, 53 pour l'économie politique, etc., on ne pourra s'empêcher de reconnaître que le Gouvernement impérial ouvre la porte à l'enseignement libre, aussi largement qu'il lui est possible de le faire, tant que la loi n'aura pas établi comme un droit la liberté de l'enseignement supérieur.

III.' PARTIE.

BÂTIMENTS ET MATÉRIEL.

Les notices spéciales consacrées dans la statistique à chaque faculté des départements indiquent leurs besoins, il ne sera question ici que des établissements de la capitale qui exigent d'importants travaux.

Tout Paris est renouvelé; les bâtiments affectés à l'enseignement supérieur restent seuls dans un état de vétusté et d'insuffisance qui contraste péniblement avec la grandeur imposante d'édifices consacrés à d'autres services. Ce n'est point une question d'art et de goût, ni le désir de mettre les constructions scolaires et ce que le moyen âge appelait « *la cité des philosophes* » en harmonie avec la richesse architecturale du Paris des négociants et des voyageurs; il y va de nos intérêts les plus chers à ce que la science cesse d'être renfermée, comme au temps où elle était encore au berceau, dans des édifices qui datent de Richelieu ou de Louis XIV et où il lui est impossible de trouver l'espace indispensable à ses recherches.

Sorbonne. — Cette maison est aujourd'hui telle, à peu près, que l'avait faite le grand Ministre de Louis XIII. Des projets d'agrandissement sont depuis longtemps à l'étude; la première pierre du nouvel édifice a été posée en 1855; trois ans plus tard les travaux nécessaires ont été mis par une loi au nombre de ceux qui devaient être exécutés de compte à demi par l'État et par la ville de Paris. Mais jusqu'à présent les crédits nécessaires n'ont pas été alloués.

École de médecine. — Le bâtiment de l'école de médecine doit être isolé par le prolongement du boulevard Saint-Germain et de la rue des Écoles. Les expropriations relatives à l'ouverture de ces deux voies de communication permettraient de donner à l'école l'espace qui manque aux amphithéâtres pour l'enseignement oral et aux salles pour le service des examens. Mais les cours ne sont plus que la moitié de l'enseignement; il y faut joindre les *exercices pratiques*, c'est-à-dire beaucoup de laboratoires dont la place est toute désignée sur les terrains de l'hôpital des cliniques et des pavillons d'anatomie.

Académie de médecine. — Elle occupe, en location, une dépendance de l'hôpital de la Charité. Le bail va expirer et ne peut être renouvelé. Les projets arrêtés pour l'École de médecine assureraient, s'ils se réalisaient, une demeure fixe à l'Académie, qui serait installée dans une partie des nouvelles constructions.

École impériale et spéciale des langues orientales vivantes. — Le projet de reconstruction du lycée Louis-le-Grand, où sont élevés les *Jeunes de langues,* comprend les locaux nécessaires à l'école, ce projet est pendant au Corps législatif.

Muséum d'histoire naturelle. — Il serait urgent de construire des serres et des galeries nouvelles pour placer sous les yeux du public et à portée des hommes d'étude, des richesses qui demeurent enfouies dans les magasins, au détriment des objets mêmes et de la science qui ne saurait en tirer profit.

Annexe du Muséum à Vincennes. — Appropriation du terrain et constructions légères pour le service et l'étude.

Observatoire central de physique. — La ville de Paris a donné le terrain et les bâtiments; reste à acquérir le matériel scientifique.

Observatoire impérial. — Si l'Académie des sciences émettait l'avis qu'une partie des observations astronomiques dût se faire hors de Paris, et que le Gouvernement adoptât ce projet, il y aurait lieu encore de demander pour cette translation l'ouverture d'un crédit au budget.

Ces diverses dépenses monteront sans doute à un chiffre relativement considérable, mais elles sont nécessaires pour conserver à la France le rang qu'elle s'est fait dans le monde des lettres et des sciences.

En résumé, parmi les mesures soumises à l'approbation de Votre Majesté, il s'en trouve, et ce sont les plus importantes, pour lesquelles on peut passer immédiatement à l'exécution, puisqu'elles n'impliquent l'ouverture d'aucun crédit. Telles sont l'organisation d'un enseignement supérieur d'agronomie au Muséum, et la création d'une section des sciences économiques à l'École des hautes études.

D'autres sont surtout des règles de conduite, pour la direction de l'enseignement supérieur. Si l'Empereur en approuvait la pensée, il y aurait encore à soumettre les moyens d'exécution à l'examen du Conseil impérial.

D'autres, enfin, devraient attendre que des ressources fussent préparées et qu'un vote du Corps législatif en autorisât l'emploi.

Toutes ces propositions ne sont, d'ailleurs, que le développement des deux idées exprimées en tête de ce rapport.

Si elles étaient adoptées, il me semble que la voie des hautes études s'ouvrirait plus large et plus sûre devant des élèves plus nombreux et des maîtres mieux armés pour de nouveaux succès.

Un effort énergique serait fait pour attirer des esprits d'élite vers ce qui calme et élève : la science, la vérité dont la moindre parcelle retrouvée, dans le passé par l'histoire, dans le présent par l'étude du monde physique et moral, vaut mieux à elle seule que toutes les richesses.

Cet effort s'étendrait aux provinces où quelques-unes de nos anciennes universités ont jeté un vif éclat alors que des hommes illustres ne dédaignaient point d'y enseigner et d'y vivre.

Que tout cela réussisse et le Gouvernement impérial aura accompli dans l'ordre des idées ce qu'il fait chaque jour dans l'ordre des intérêts. Le travail scientifique ne tendra plus à se concentrer en un seul foyer. D'autres s'allumeront peut-être ou se ranimeront, lorsqu'une activité salutaire aura été excitée sur les différents points du territoire, et le corps de la nation participera tout entier, par les écoles supérieures de province, comme par les écoles primaires de village, au développement de la vie intellectuelle.

En 1842, le prince Louis-Napoléon, comparant le génie pratique de Monge et le génie transcendant de Laplace, écrivait : « Faire avancer la science était sans doute un grand mérite aux yeux de Napoléon, mais la répandre dans le peuple lui semblait un mérite plus grand encore. »

En parlant ainsi, l'Empereur se souvenait que le temps où le plus grand nombre ne savait rien était le temps aussi où le plus grand nombre ne possédait rien et ne comptait pour rien. D'où cette conséquence que le développement de la vie intellectuelle a pour effet de tout élever, dans l'ordre matériel, comme dans l'ordre moral et politique. Le savant illustre et le maître le plus humble travaillent à la même œuvre, et de cette œuvre doit sortir la concorde entre les classes, l'égalité entre les citoyens, le progrès en tout et pour tous.

Je suis avec le plus profond respect,

SIRE,

DE VOTRE MAJESTÉ,

Le très-humble, très-obéissant et très-fidèle serviteur,

V. DURUY.

IMPRIMERIE IMPÉRIALE. — Décembre 1868.

www.ingramcontent.com/pod-product-compliance
Lightning Source LLC
Chambersburg PA
CBHW061341050726
47595CB00005B/2031